沙盘实训
项目教学

主　编　邓　佳

副主编　董晓梅　王雯萱　董志胜

经济管理出版社

ECONOMY & MANAGEMENT PUBLISHING HOUSE

图书在版编目（CIP）数据

ERP 沙盘实训：项目教学 / 邓佳主编 . —北京：经济管理出版社，2022.12
ISBN 978-7-5096-8888-5

Ⅰ. ① E… Ⅱ. ①邓… Ⅲ. ①企业管理 – 计算机管理系统 Ⅳ. ① F272.7

中国版本图书馆 CIP 数据核字（2022）第 248554 号

组稿编辑：杨国强
责任编辑：杨国强
责任印制：黄章平
责任校对：张晓燕

出版发行：经济管理出版社
　　　　　（北京市海淀区北蜂窝 8 号中雅大厦 A 座 11 层 100038）
网　　址：www.E-mp.com.cn
电　　话：（010）51915602
印　　刷：唐山昊达印刷有限公司
经　　销：新华书店
开　　本：710 mm × 1000 mm/16
印　　张：9.5
字　　数：171 千字
版　　次：2022 年 12 月第 1 版　2022 年 12 月第 1 次印刷
书　　号：ISBN 978-7-5096-8888-5
定　　价：45.00 元

目　录

项目一　团建

一、团建活动

（一）热身小游戏

实训开始前，所有人集队进行热身，热身小游戏叫喊数抱团。在简单进行完身体关节活动后，所有队员围成一个圆圈，要求所有队员围着圆圈慢慢地跑动起来，老师在大家跑动的同时，随机喊出一个数字，大家按照数字的大小，迅速地抱在一起。老师喊三个数，三个数过后，那些抱多的、抱少的、没有找到人抱的，都将被请到圆圈中间来，可以自己表演节目，也可以接受"惩罚"。

（二）分组

每个班在进行实训活动时，每个班可分为5~7组，每个组5人。可以是学生自由组合，也可以按照1，2，3，4，5的顺序依次报数，报数为1的为一组，报数为2的为一组，以此类推进行分组。

（三）团队创建

每个团队即是一个企业，在规定时间内为自己的企业设计企业名称、口号、使命、愿景等，所有团队成员签名并写上日期。除此之外，还要设计团队舞蹈，并且排练队形。

（四）抖乒乓球

每组选择两名参赛成员，参赛成员穿戴抖乒乓球道具，在教练吹哨后，通过肢体的扭动将乒乓球从盒子中抖出，限时一分钟，最后剩余乒乓球最少的团队获胜。

（五）瞎子敲盆

（1）划定一个起始线，然后在起始线的前方8~10米处放一个盆；

（2）每组派出一位敲盆者，此人必须戴上大头娃娃头盔；

（3）游戏开始后，戴头盔的人需要敲响前面的盆；

（4）由于参加者无法看到盆的位置，所以其他的队友需要为其指路，给其一个准确的方向描述；

（5）团队内所有人轮流上阵敲盆，用时最短的团队获胜。

二、团队建设的意义

通过小游戏的方式加深团队成员的团队参与感和认同感，当同学为自己的团队画了队旗，就必须让每位成员都感受到真正地被接纳，而这种被接纳体现在与组织一致的团队精神上，跳了队舞后，同学们开始真正地把自己当作团队的一员。团队中每一个成员都是不可或缺的，集体的荣誉离不开每一个成员的努力，同时错误也需要集体承担。只有团队每一个人都不把自己置身事外，才能完全参与到集体活动中，这样才更有利于集体的进步。

一个团队需要有一套完备的规则体系来约束每一位成员的行为。没有规矩不成方圆，这在团队中是非常重要的；团队需要有明确的分工体系，成员各司其职，在必要时各担其责，而一个团队的队长必须有人当选，只有这样才能让团队秩序井然，运行稳定；团队有成员犯错，我们更多的是去包容理解帮助而不是一味地责怪，有错一起改正。在团队中互相信任也是不可或缺的，要合作共赢，切忌相互猜疑埋怨，只有这样才能形成一个良性的循环，让团队向上发展。

团队建设的好坏，象征着一个企业后继发展是否有实力，也是这个企业凝聚力和战斗力的充分体现。团队建设首先应该从班子做起，班子之间应亲密团结，协作到位。管理者心里始终要为员工着想，支持员工的工作，关心员工的生活，用管理者的行动和真情去感染身边的每位员工，平时多与员工沟通交流，给员工以示范性的引导，捕捉员工的闪光点，激发员工工作的积极性和创造性。更重要的是，管理者要沉下身子和员工融为一体，让员工参与管理，给员工创造一个展示自己的平台，形成一种团结协作的氛围，让员工感到家庭的温暖，在这个家庭里面分工不分家，有福同享，有苦同担，个人的事就是团队的事，团队的事就是大家的事。对待每个人、每件事都要认真负责，才能建设一支好团队。

三、团队建设的作用

（一）团队具有目标导向功能

团队精神的培养，使员工齐心协力，拧成一股绳，朝着一个目标努力。建设一个有效的团队，必须要有一个清晰的团队目标。而团队目标的形成是一个不断调整的过程，此过程需要团队成员间的相互磨合和感知，将个体的目标取向转化成团队的目标取向。

（二）团队具有激励功能

团队精神要靠员工自觉地要求进步，力争与团队中最优秀的员工看齐。而且这种激励不能单纯停留在物质的基础上，应得到团队的认可，获得团队中其他员工的尊敬。

（三）团队具有凝聚功能

任何组织群体都需要一种凝聚力。团队精神则通过对群体意识的培养，通过员工在长期的实践中形成的习惯、信仰、动机、兴趣等文化心理，沟通人们的思想，引导人们产生共同的使命感、归属感和认同感，反过来逐渐强化团队精神，产生一种强大的凝聚力。通过此项活动，明显可以感觉到：一个团队必须有一个核心领导者，依据不同个体之间的差异性，指导团队成员进行有效的角色分工，充分发挥团队成员的优势，共同完成任务。

（四）团队具有控制功能

员工的个体行为需要控制，群体行为也需要协调。团队精神所产生的控制功能，是通过团队内部所形成的观念、力量、氛围的影响，去约束、规范、控制员工的个体行为，团队的凝聚力要有规则来保障。

项目二　ERP 的介绍

一、认识 ERP

（一）公司买茶

某次会议将于 9：00 开始，需要组织人员给与会者沏茶和冲咖啡，主要工作有：买茶叶 20 分钟、生火 5 分钟、烧水 5 分钟、洗杯子 5 分钟、沏茶 5 分钟、冲咖啡 8 分钟这六个工作步骤。请问完成所有工作需要的最短时间？

（二）车辆问题

某中学准备组织学生参观国家体育场"鸟巢"。参观期间，校车每天至少要运送 480 名学生。该中学后勤集团有 7 辆小巴、4 辆大巴，其中，小巴能载 16 人、大巴能载 32 人。已知每辆客车每天往返次数小巴为 5 次、大巴为 3 次，每次运输成本小巴为 48 元，大巴为 60 元. 请问每天应派出小巴、大巴各多少辆，能使总费用最少？如图 2-1 所示。

$$\begin{cases} 80x + 96y \geq 480 \\ 0 \leq x \leq 7 \\ 0 \leq y \leq 4 \end{cases}, \quad 即 \begin{cases} 5x + 6y \geq 30 \\ 0 \leq x \leq 7 \\ 0 \leq y \leq 4 \end{cases}$$

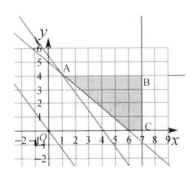

图 2-1　计算示意图

解：设每天应派出小巴 x 辆、大巴 y 辆，可使总费用最少，由题设条件得：

每天的总费用为 z= 240x+180y，作出可行域，由图 2-1 可知，在 A（1，4）处，z 取到最小值，最小值为 z=240×1 + 180×4=960 元。

故每天应派出小巴 1 辆、大巴 4 辆，能使总费用最少。

二、ERP 的内容

（一）ERP 的概念

企业资源计划（Enterprise Resource Planning，ERP）是指利用信息科

学的最新成果，根据市场需求对企业内部和其供需链上各环节的资源进行全面规划、统筹安排和严格控制，以保证人、财、物、信息等各类资源得到充分、合理的应用，实现信息流、物流、资金流、增值流和业务流的有机集成，从而达到提高生产效率、降低成本、满足顾客需求、增强企业竞争力的目的。计划与控制是 ERP 系统的核心，ERP 中的经营计划是依据企业战略规划得到的。换言之，企业战略主要是依据 ERP 中的经营计划体现出来的。因此，我们可以借助于 ERP 系统的计划体系来实现企业战略执行体系。

（二）ERP 的内容

对于 ERP，我们并不陌生，它就在我们的身边。下面以某个家庭请客吃饭的例子来说明 ERP 的功能作用及其工作流程。

1. 丈夫请客吃饭（签订合同订单）

一天中午，丈夫在外给家里打电话：亲爱的老婆，晚上我想带几个同事回家吃饭可以吗？（订货意向）

妻子：当然可以，来几个人，几点到家，想吃什么菜？（了解客户需求）

丈夫：6 个人，我们 19：00 左右到家，备些啤酒、烤鸭、番茄炒蛋、凉菜、蛋花汤，可以吗？（商务沟通，发出订单）

妻子：没问题，我会准备好的。（订单确认）

2. 安排晚饭计划（ERP 中的计划层次）

（1）确定菜谱（ERP 中的 MPS 主生产计划）妻子记录下需要做的菜单（MPS 计划），具体要准备的菜：鸭、啤酒、番茄、鸡蛋、麻油，物料清单（Bill Of Material，BOM）如图 2-2 所示。

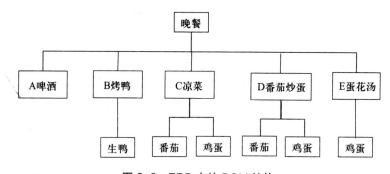

图 2-2　ERP 中的 BOM 结构

（2）买什么菜，买多少（ERP 中的 MRP 物料需求计划）晚餐需要 1 只鸭，5 瓶啤酒，4 个番茄（BOM 展开），炒蛋需要 6 个鸡蛋，蛋花汤需要 4个鸡蛋（共用物料），打开冰箱一看（库房存货检验），只剩下 2 个鸡蛋（缺料）。由此得出所需要购买菜的净需求量或制订出采购计划，如图 2-3 所示。

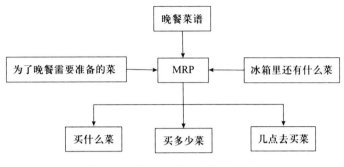

图 2-3　ERP 中的物料需求计划

3. 买菜（ERP 中的采购与库存管理）

妻子来到自由市场买菜。

妻子：请问鸡蛋怎么卖？（ERP 中的采购询价）

小贩：1 个 1 元，半打 5 元，1 打 9.5 元。（报价）

妻子：我只需要 10 个，但这次买 1 打。（按经济批量采购）

妻子：这有一个坏的，换一个。（验收、退料、换料）

4. 做饭（ERP 中的生产管理）

回到家中，准备洗菜、切菜、炒菜（安排工艺路线），厨房中有燃气灶、微波炉、电饭煲（工作中心），妻子发现拔鸭毛最费时间（确定瓶颈工序，关键工艺路线），用微波炉自己做烤鸭可能会来不及（产能不足），于是决定在楼下的餐厅里买现成的。（产品委外加工）

下午 16：00，电话铃又响：

儿子：妈妈，晚上几个同学想来家里吃饭，你帮忙准备一下。（紧急订单）

妈妈：好的，儿子，你们想吃什么，爸爸晚上也有客人，你愿意和他们一起吃吗？（了解客户需求）

儿子：菜你看着办吧，但一定要有番茄炒鸡蛋。我们不和大人一起吃，18：30 左右回来。（不能并单处理）

妈妈：好的，肯定让你们满意。（订单确认）

鸡蛋又不够了，打电话叫小贩送来。（紧急采购）

18：30，一切准备就绪，可烤鸭还没送来，急忙打电话询问：怎么订的烤鸭还没送来。餐厅：不好意思，送货的人已经走了，可能是堵车吧，马上就会到的。门铃响了，李太太，这是您要的烤鸭。请在订单上签字。（验收、入库、转应付账款）

18：45，女儿的电话。

女儿：妈，我想现在带几个朋友回家吃饭，可以吗？（又是紧急订购意向，要求现货）

妈妈：不行呀，女儿。今天妈妈已经需要准备两桌饭了，时间实在来不及，真的非常抱歉，下次早点说，一定给你们准备好。（这就是 ERP 的使用局限性，要有稳定的外部环境，有一个生产提前期）

5. 算账（ERP 中的财务系统）

送走了所有客人，疲惫的妻子坐在沙发上对丈夫说：亲爱的，现在咱们家请客的频率非常高，应该要买些厨房用品了（设备采购，增加产能），最好能再雇个小保姆。（连人力资源系统也有接口了）

丈夫：家里你做主，需要什么你就去办吧。（通过审核）

妻子：还有，最近家里花销太大，用你的私房钱来补贴，好吗？（资金预算，最后就是应收货款的催要）

送走了所有客人，妻子拿着计算器，准确地算出了今天的各项成本（成本核算）和节余原材料（车间退料），并记入了日记账（总账），把结果念给丈夫听。（给领导报表）

丈夫说道：值得，花了 145.49 元，请了好几个朋友，感情储蓄账户增加了若干（经济效益分析）。今后这样的感情投资晚宴还会经常……可以考虑，你就全权处理吧！（预测公司未来发展）

现在还有人不理解 ERP 吗？记住：每一个合格的家庭主妇都是生产厂长的有力竞争者！

（三）ERP 的发展历程

我们对 ERP 的含义有了初步的认识，ERP（企业资源计划）是一种管理理念，是建立在信息技术的基础上，用系统化的管理思想为企业决策层及员工提供决策运行手段的管理平台。ERP 的理论发展历程大致经历了以下几个阶段：

（1）20 世纪 40 年代：为解决库存控制问题，人们提出了订货点法，当时计算机还没有出现。

订货点法如图 2-4 所示。

（2）20 世纪 60 年代：随着计算机系统的发展，短时间内对大量数据的复杂运算成为可能，人们为解决订货点法的缺陷，提出了物料需求计划（Material Requirement Planning，MRP）理论。

（3）20 世纪 70 年代：随着人们认识的加深及计算机系统的进一步普及，MRP 的理论范畴也得到了发展。为解决采购、库存、生产、销售的管理，人们发展了生产能力需求计划、车间作业计划以及采购作业计划。

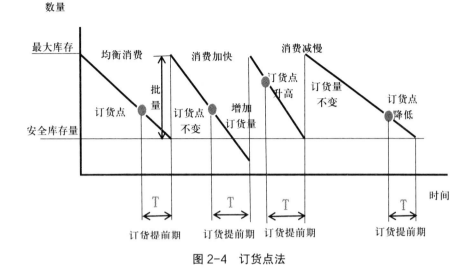

图 2-4　订货点法

（4）20 世纪 80 年代：随着计算机网络技术的发展，企业内部信息得到充分共享，MRP 的各子系统也得到了统一，形成了一个集采购、库存、生产、销售、财务等于一体的子系统，发展了 MRP Ⅱ 理论。

（5）20 世纪 90 年代：20 世纪 80 年代 MRP Ⅱ 主要是面向企业内部资源全面计划管理，而到了 90 年代开始转变为如何有效利用和管理整体资源的管理思想，ERP 理论也就随之产生了。

ERP 发展历程如图 2-5 所示。

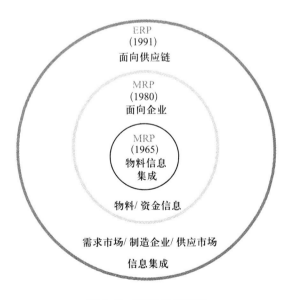

图 2-5　ERP 发展历程

（四）ERP 系统的计划体系

1. 传统计划管理不能满足现代化生产的要求

计划与控制是企业的首要职能，它统一指导企业的各项经营生产活动。

计划的实质是使企业如何通过制造和销售产品获取利润，它的作用有三点：

（1）使企业的产出（包括产品和服务）满足市场的需要；

（2）有效地利用企业的各种资源，生产出合理组成的产品；

（3）使投入能以最经济的方式转化为产出。

控制的作用是使计划执行的结果不超出允许的偏差。这个允许偏差指在数量和时间上可以让客户或市场能够接受的偏离。

随着市场竞争加剧和企业的快速发展，传统的计划管理越来越不适应这一需要，企业的计划往往得不到有效的控制和执行。为此引入 ERP 系统，以解决企业计划与控制问题，这是适应现代化发展需要的一个重要手段。

2. ERP 的层次计划

计划与控制是 ERP 的核心。ERP 有五个层次的计划，如图 2-6 所示，即企业经营规划生产计划大纲、主生产计划、物料需求计划、车间作业及采购计划。其中，第 1~3 层为决策层的计划（规划），第 4 层为管理层计划，第 5 层为操作层计划。

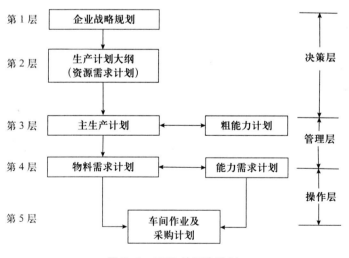

图 2-6 ERP 的层次计划

第 1 层（最高层）：企业战略规划（又称企业经营规划）。

企业经营规划是企业的战略规划，由企业的高层决策者会同销售、市场、生产、财务各部门负责人制定，该计划是企业经营目标的具体体现。该层根据市场调查和需求分析、国家有关政策、企业资源能力和历史状况、同行竞争对象的情况等有关信息，制定企业经营规划。主要包括在未来 2~7 年，本企业生产的产品的品种及其在市场中应占有的份额、产品的年销售额、年利润额和生产率等。经营规划的制定要考虑企业现有的资源情况和目前企业的市场情况，以及未来可以获得的资源情况，包含较大的预测成分。经营规划是企业的总体目标，是以下各层计划的基础。主要是：

（1）产品开发方向及市场定位，预期的市场占有率。

（2）营业额、销售收入与利润、资金周转次数和资金利润率。

（3）长远能力规划、技术改造、企业扩建或基本建设。

（4）员工培训及职工队伍建设。

第 2 层：生产计划大纲（Production Plan，PP）。

根据企业经营计划的目标，确定企业的每一类产品在未来的 1~3 年，每年每月生产多少，需要哪些资源。生产计划大纲总是与资源需求有关，因此，有些文献也将生产计划大纲视为资源需求计划。

第 3 层：主生产计划（Master Production Schedule，MPS）。

该计划以生产计划大纲为依据，按时间段计划企业应生产的最终产品的数量和交货期，并在生产需求与可用资源之间做出平衡。

第 4 层：物料需求计划（Material Requirement Planning，MRP）。

根据主生产计划对最终产品的需求数量和交货期，推导出构成产品的零部件及材料的需求数量和满起日期，再导出自制等部件的制造订单下达日期和已购件的发放日期，并进行需求资源和可用能力之间的进一步平衡。

第 5 层：车间作业及采购计划。

该计划处于 ERP 计划的最底层，也是基础层。它根据 MRP 生成的制造订单和采购订单来编制工序排产计划和采购计划。

从图 2-7 可以看到，如果在 5 月要产出 10 个 X，那么 4 月就需要投入 10 个 X。10 个 X 的投入量需要 10 个 A，A 的提前期一期，即 3 月投入 10 个 A。10 个 A 需要 20 个 C，提前期一期，即 2 月投入 20 个 C。20 个 C 需要 20 个 O，2 月需要投入 20 个 O。以此类推，这是整个生产过程中，我们对物料的精确计算需要用根据 BOM 展开，做 MRP 的物料需求计算。

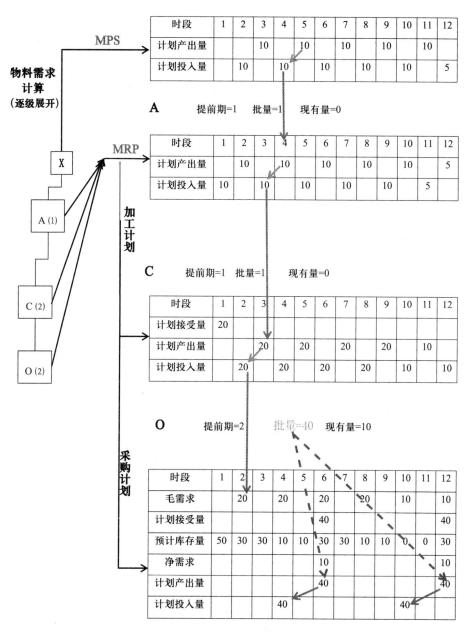

图 2-7 采购示意图

项目三　ERP 物理盘

一、课程特色

（一）生动有趣

管理课程一般都以理论加案例为主，比较枯燥而且学生很难迅速掌握这些理论并应用到实际工作中。与传统课程相比，"ERP 企业模拟经营沙盘实训"课程具有鲜明的特色。通过沙盘模拟进行实训能增强娱乐性，使枯燥的课程变得生动有趣。通过模拟可以激起学生的竞争热情，让他们有学习的主动性和积极性。

（二）体验实战

这种沙盘模拟的实训方式将"企业""市场"搬进教室，让学生在"做"中"学"。学生可以切身体会深奥的商业思想，并触及商业运作的模式。这种体验式学习使学生学会收集信息并在未来应用于实践。

（三）团队合作

沙盘模拟实训是互动的。当学生对沙盘模拟实训过程中产生的不同观点进行分析时，需要不停地进行沟通交流。他们除学习商业规则和财务语言外，还可以增强沟通技能，并学会如何以团队的方式工作。

（四）看得见，摸得着

本课程将企业结构和企业管理的操作全部展示在模拟沙盘上，将复杂、抽象的经营管理理论以最直观的方式让学生体验、学习。完整生动的视觉效果能极为有效地激发学习者的学习兴趣，增强其学习能力。在课堂结束时，学生对所学的内容理解更透彻，记忆更深。学生通过 ERP 沙盘模拟实训的亲身体验，能通过企业经营的复杂外表，直观探究企业经营本质。

（五）想得到，做得到

ERP 沙盘模拟实训以"问题"为核心，以"创业"为导向，学生可以将平时学习中尚存疑问的决策带到课程中验证。在"ERP 沙盘实训"课程中模拟企业 5~6 年的全面经营管理，使学生有充分的自由尝试做出企业经营的重大决策，并且能够直接看到结果，这是现实工作中少有的机会。

二、岗位认知

（一）总经理岗位认知

总经理主要负责制定和实施公司总体战略与年度经营计划；建立和健全公司的管理体系与组织结构；主持公司的日常经营管理工作，实现公司经营管理目标和发展目标。

在"ERP沙盘模拟"课程中，企业所有的重要决策均由总经理带领团队成员共同决定，如果大家意见相左，由总经理拍板决定。总经理还要从结构、流程、人员、激励四个方面着手优化管理。

（二）市场主管岗位认知

职位概要：分析市场环境，把握市场机会，制定公司市场营销战略和实施计划；对企业市场营销计划进行监督和控制；负责企业营销组织建设与激励工作；负责企业竞争对手分析。

作为一家民营企业，最初在本地注册并开始运营，经过几年的运营，在本地市场上已站稳脚跟。在全球市场广泛开放之时，一方面要稳定企业现有市场，另一方面要积极拓展新市场，争取更大的市场空间，以实现销售的稳步增长。

市场主管还担负着监控竞争对手的责任，比如，对手正在开拓哪些市场，未涉足哪些市场？他们在销售上取得了多大的成功？他们拥有哪类生产线？生产能力如何？充分了解市场，明确竞争对手的动向有利于今后的竞争与合作。

在"ERP沙盘模拟"课程中，市场分析的依据是讲师提供的市场预测，竞争对手是课程中划分的其他几个企业组织。

（三）销售主管岗位认知

职位概要：进行需求分析和销售预测，确定销售部门的目标体系；制定销售计划和销售预算；销售团队的建设与管理、客户管理、确保货款及时回笼，销售业绩分析与评估。

企业的利润是由销售收入带来的，销售实现是企业生存和发展的关键。销售和收款是企业的主要经营业务之一，也是企业联系客户的门户。为此，销售主管应结合市场预测及客户需求制定销售计划，有选择地进行广告投放，取得与企业生产能力相匹配的客户订单，与生产部门做好沟通，保证按时交货给客户，监督货款的回收，进行客户关系管理。

（四）生产主管岗位认知

职位概要：制定落实生产计划，组织落实质量管理制度，监控质量目标的达成情况；规划、配置和调动生产资源，保证及时交货；优化生产组织过程，推动工艺路线的优化和工艺方法的改进，扩充并改进生产设备，不断降低生产成本；负责公司生产、安全、仓储、保卫及现场管理方面的工作。此外，生产主管还负责制定研究开发计划，组织新产品开发并进行有效的项目管理；持续扩大和改善产品系列，以最低的成本达到或超过客户的要求；主动、积极地研究新的技术实现手段降低产品成本，提高性价比；确保为客户提供及时的技术支持；确保正在生产的产品和新产品的正常生产。

生产主管是企业生产部门的核心人物，对企业的生产活动进行管理，并对企业的一切生产活动及产品负最终的责任。生产主管既是计划的制订者和决策者，又是生产过程的监控者，对企业目标的实现负有重大的责任，他的工作是通过计划、组织、指挥和控制等手段实现企业资源的优化配置，以创造最大的经济效益。

在"ERP 沙盘模拟"课程中，生产主管负责生产运营过程中的正常进行，生产设备的维护与设备变更处理、成品库管理、产品研发等工作。

（五）采购主管岗位认知

职位概要：负责各种原料的及时采购和安全管理，确保企业生产的正常进行；负责编制并实施采购供应计划，分析各种物资供应渠道及市场供求变化情况，力求从价格上、质量上把好第一关，确保在合适的时间点、采购合适的品种及数量的物资，为企业生产做好后勤保障；进行供应商管理；进行原料库存的数据统计与分析。

采购主管负责制定采购计划、与供应商签订供货合同、监督原料采购过程、并按计划向供应商付款、管理原料库等具体工作。

（六）财务（会计）主管岗位认知

职位概要：财务主管的主要职责是对企业的资金进行预测、筹集、调整进度与控制。其主要任务是管好现金流，按需求支付各项费用、核算成本，做好财务分析；进行现金预算、采用经济有效的方式筹集资金，将资金成本控制到较低水平，管好、用好资金。同时，负责日常现金收付的记录，定期核查企业的经营状况，核算企业的经营成果，按时报送财务报表；对成本数据进行分类和分析；定期清查现金，盘点存货，确保账实相符。

如果说资金是企业的血液，那么财务部门就是企业的心脏。财务主管要参与企业重大决策方案的讨论，如设备投资、产品研发、ISO 资格认证等。公司进出的任何一笔资金都要经过财务部门。在"ERP 沙盘模拟"课程中，会计主管主要负责日常现金收支记录，于每年年末编制产品核算统计表、综合费用明细表、利润表和资产负债表。

三、物理盘的概述

（一）ERP 物理盘面

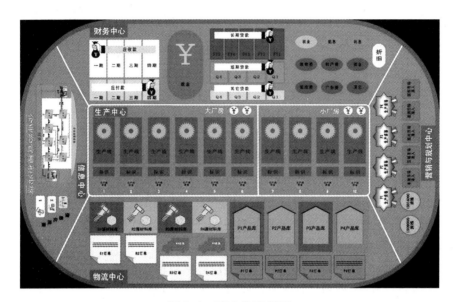

图 3-1 ERP 物理盘面

表 3-1 ERP 沙盘盘面构成要素一览表

中心名称	关键环节	主要职能	简要说明
营销与规划中心	战略规划 市场营销	市场开拓规划	五大市场：本地、区域、国内、亚洲和国际
		产品研发规划	四种产品生产资格：P1、P2、P3 和 P4
		ISO 认证规划	两类认证：ISO9000 和 ISO14000
生产中心	设备管理 生产运作	厂房购置	大厂房和小厂房
		生产线建设	手工生产线、半自动生产线、全自动生产线和柔性生产线
		产品生产	生产线可安排生产已研发完成的产品
物流中心	物资采购 库存管理	采购提前期管理	R1、R2 的采购提前期为一个季度；R3、R4 的采购提前期为两个季度
		原料订单管理	代表与供应商签订的采购合同，用空桶表示
		原料库存管理	四个原料库分别存放 R1、R2、R3 和 R4
		产品库存管理	四个产品库分别存放 P1、P2、P3 和 P4

续表

中心名称	关键环节	主要职能	简要说明
财务中心	会计核算 财务管理	现金管理	设有现金库存放企业的现金
		贷款管理	长期贷款、短期贷款和其他贷款，用空桶表示
		应收 / 应付款管理	应收款和应付款分账期
		费用管理	发生的期间费用

（二）组织准备工作

1. 实训分组及人员分工与职能定位

实训分 7 个组，每个组 4~5 人，人员分工与职能定位：

（1）总经理。

● 运营总监。

● 财务总监。

● 营销总监。

● 采购总监。

（2）其他助理人员（财务助理、人力资源总监等）。

2. 裁判及辅助

为了保证模拟经营公平、顺利地进行，特设裁判组，由相关老师和学生助理组成，设企业运营辅助中心 3 个，由 3 名学生助理负责，各中心分工如下：

（1）金融中心。

负责审核各企业贷款（长期贷款、短期贷款和高利贷）资格，为各企业发放贷款和监督收回；负责贴现的记录监督工作；负责厂房的出售与收购。

（2）供应商及客户中心。

负责与各企业签订供货合同，组织并供应原材料，按合同供货并收取材料款；对企业交付的货物进行验收，按合同约定付款。

（3）资格认定中心。

负责企业市场准入、产品研发、ISO 认证等资格的审定，发放相应资格证书；负责生产线的供应与收购工作。

（三）基本情况描述

1. 公司发展与股东期望

模拟企业长期以来一直专注于某行业 P 产品的生产与经营，目前生产的 P1 产品在本地市场知名度很高，客户也很满意，同时，企业拥有自己的厂房，生产设施齐备状态良好。

最近，一家权威机构对该行业的发展前景进行了预测，认为 P 产品将会从目前的相对低端产品发展为一个高技术产品。为此，公司董事会及全体股东决定将企业交给一批优秀的新人去发展，他们希望新的管理层投资新产品的开发，使公司的市场地位得到进一步提升，开发本地市场以外的其他新市场，进一步拓展公司市场领域，扩大生产规模，采用现代化生产手段，努力提高生产效率。

2. 产品市场的需求预测

P1 产品由于技术水平低，虽然近几年需求较旺，但未来将会下降。P2 是 P1 的技术改进版，虽然技术优势会带来一定的增长，但随着新技术的出现，P2 的需求量会下降。P3、P4 为全新技术产品，发展潜力很大。

四、企业运营流程及规则

本实训是在模拟经营一家企业，将企业复杂的经营活动简化为一系列的规则，由于时间等各种因素的制约，实训规则与现实的情况有一定差别，所以各位参训人员不可在规则的合理性上较真。总之，规则就是规则，即使它是不符合实际的，但对所有的组是一样的，是相对公平的。

企业运营流程需严格按照竞赛手册执行，CEO 按照任务清单中指示的顺序进行，不执行指令，每项任务完成后，CEO 需在任务后在对应的方格中打钩或者打叉，并由财务总监在对应的方格内填写现金收支情况，各企业所有操作必须严格按步骤顺序执行，所有对完成的任务进行修改或颠倒顺序执行的操作，均视为违规行为。

在运行过程中，如下操作可以随时进行：

任务名称：贴现。

操作：

（1）中断正常操作任务。

（2）企业的"金融中心"登记备案并在本企业的"企业经营流程记录单"的"其他现金收支情况"登记处记录。

（3）执行贴现操作。

任务名称：借高利贷。

操作：

（1）中断当前操作任务。

（2）携带贷款申请记录表到"金融中心"申请高利贷。

（3）领取现金并在本企业的"企业经营流程记录单"的"其他现金收支

情况"登记处记录。

注意：1M=100 万元，Q 代表一个季度，R1、R2、R3、R4 均代表原材料。

（一）市场划分与市场开拓

企业目前在本地市场经营，新市场包括国内、亚非拉、欧美市场等区域。不同市场投入的费用及时间不同，只有市场投入全部完成后方可接单。市场开发完成后，每年不需要另付维护费用，各个市场的开拓费用和开拓时间如表 3-2 所示。

表 3-2 开拓费用及时间

市场	开拓费用	开拓时间
区域	1M	1 年
国内	2M	2 年
亚非拉	3M	3 年
欧美	4M	4 年

规则说明：每个市场开发，每年最多投入 1M，允许中断或终止，不允许超前投资，已经付出的投资不能收回，投资时，将 1M 投入到市场开拓的位置处，将投资额录入到市场开发登记表中，并到资格认定中心登记备案，当投资完成后，到资格认定中心核对记录是否属实并领取市场准入证，将领取的市场准入证放在盘面的相应位置处，只有拿到准入证才能参加相应市场的订货会。

（二）产品研发与管理体系论证

产品研发投资与管理体系认证投资的费用计入当年综合管理费，所有投资均不得加速投资。但可以随时中止或中断，中断投资时已经投入的资金不能收回。

1. 产品研发

2. 要想生产某种产品，先要获得该产品的生产许可证

要获得生产许可证，必须经过产品研发，新产品研发投资按季度支付，必须完成投资后方可生产。

P1 已经获得生产资格，P2、P3、P4 的研发投入及时间如表 3-3 所示。

表 3-3 研发投入及时间

产品	P2	P3	P4
研发时间	4Q	5Q	6Q
研发投资	1M	2M	3M

规则说明：P2 产品在开发的第一季度要投入 1M；P3 产品在开发的第一季度和第三季度要各投入 1M；P4 产品在开发的第一季度、第三季度和第五季度要各投入 1M（延迟开发的顺延投入时间）。各个企业将投资放到"产品研发"处并做相应财务记录，再到"资格认定中心"登记备案，研发到期后，到"资格认定中心"核实后领取相应产品证明，并放置于相应产品生产资格处。

3. 管理体系认证

两项 ISO 认证投资可同时进行，相应投资完成后才能取得资格。两项认证都是每年投入 1M，研发投资在每年的第四季度支付，当年记为开发的第一年，付完最后一期投资的第二年就有资格接相应要求的订单。认证投资与时间要求如表 3-4 所示。

表 3-4　认证投资与时间要求

管理体系	建立时间	所需投资
ISO9000	2 年	2M
ISO14000	3 年	3M

规则说明：每年支付完研发费用后要到"资格认定中心"登记备案，到期后，到"资格认定中心"核实后领取相应认证资格证，并放置于相应的资格处。

（三）厂房购买、租赁与出售

年底决定厂房是购买还是租赁，购买后将购买价放在厂房价值处，厂房不提折旧，租赁厂房每年末支付租金，出售后将出售金额价放在账期为 4Q 的应收账款处。如表 3-5 所示。

表 3-5　厂房购价、租金及容量

厂房	A	B
购价	45M	30M
租金	5M/ 年	3M/ 年
容量	6 条生产线	4 条生产线

（四）生产线购买、折旧与维护

1. 生产线购买维护

新生产线的购买价格按周期平均支付，全部投资到位后方可投入使用，投资到位后当季度开始下一批生产。生产线安装完成后，必须将投资额放在设备价值处，以证明生产线安装完成。生产线投资分期平均投入，每期投入后到"资格认定中心"登记备案，并将资金做相应处理。企业间不允许相互购买生产线，只允许向"资格认定中心"购买。设备投资完成后到"资格认定中心"核实并领取相应的生产线和产品标识。设备转产要到"资格认定中心"登记备案，待转产期满后领取新的产品标识。

投资完成的设备无论其是否投入生产都要在当年支出设备维护费，正在进行转产的设备也要交设备维护费，不论当年何时出售的设备，到了第四季度则不用交付设备维护费。如表 3-6 所示。

表 3-6　生产线购买维护

生产线	购买价	安装周期	生产周期	转产周期	转产费用	维护费用	出售残值
手工线	5M	无	3Q	无	无	1M/年	1M
半自动	8M	2Q	2Q	1Q	1M	1M/年	2M
全自动	15M	3Q	1Q	1Q	1M	1M/年	3M
柔性线	24M	4Q	1Q	无	无	1M/年	6M

规则说明：年末时，转入固定资产的生产线每条支付 1M 的设备维护费；当年售出的生产线不交维护费。生产线不可以更换厂房。所有投资均不得加速投资，但可以随时中止或中断，也可以在中断投资后的任何季度继续投资，但必须按照表 3-7 的投资原则进行操作。购买生产线须按照生产线安装周期分期投资并安装，自动线安装操作如表 3-7 所示。

表 3-7　自动线安装操作

操作	投资额	安装完成
1Q	5M	启动 1 期安装
2Q	5M	完成 1 期安装，启动 2 期安装
3Q	5M	完成 2 期安装，启动 3 期安装
4Q		完成 3 期安装，生产线建成

2. 生产线折旧与出售

各生产线按照表3-8进行折旧,并在每年的第四季度执行,到提取折旧时折旧款放到"折旧"处。当年新增固定资产不提折旧,对已经全部提完折旧的设备仍然可以使用,生产线上没有产品时才可以变卖,生产线变卖时,将变卖的生产线的设备净值放入现金区,并将生产线交还给供应商即可完成变卖。如果生产线净值为零,则直接取消该生产线即可,不需要转移任何价值。

表 3-8　生产线折旧

生产线	购买价	残值	折旧额				
			建成 1 年	建成 2 年	建成 3 年	建成 4 年	建成 5 年
手工线	5M	1M	0	1M	1M	1M	1M
半自动	8M	2M	0	2M	2M	1M	1M
全自动	15M	3M	0	3M	3M	3M	3M
柔性线	24M	6M	0	5M	5M	4M	4M

(五)融资贷款与资金贴现

1. 贷款

长期贷款最长期限为5年,最短期限为1年,到期后方可还款,额度为"20"的倍数,贷款年息10%。贷款时间和付息时间均为每年的年末(所有的生产等操作完成后),每年年末付利息,到期还本。

短期贷款及高利贷期限为4个季度,贷款利息5%,额度为"20"的倍数。每季度只准贷一次,时间为每季度的初期。贷款到期后一次还本付息。

2. 应收款贴现

应收款贴现可随时进行,一、二账期的应收款按7:1的比例提取贴现费用,即从一、二账期的应收账款中取8M,7M进现金,1M进贴现费用(最多只能贴8的倍数,少于8M贴现时,仍需交纳1M的贴现费);三、四账期的应收款按6:1的比例提取贴现费用,即从三、四账期的应收账款中取7M,6M进现金,1M放入贴现费用(只能贴7的倍数,不够7的,按照7计算)。

3. 登记所有者权益与核对贷款额度

每年的第一季度各组到"金融中心"登记上年底的所有者权益和核对的贷款额度。贷款额度不超过上一年权益的2倍。如果当年的实际贷款额度已经超过了所有者权益的两倍，则公司在本年的第四季度要归还超额的贷款，长期贷款不能等到长期贷款的期限就要还款。最后一年所有的融资总额不得超过 120M。

超出贷款额度仍需贷款的部分，只能选择进行高利贷借款，高利贷利息 20%，高利贷到期一次还本付息。如表 3-9 所示。

表 3-9　还本付息

贷款类型	贷款时间	贷款额度	年息	还款方式
长期贷款	每年年末	上一年的资产负债表权益的 2 倍	10%	年底付息，到期还本
短期贷款	每季度初	上一年的资产负债表权益的 2 倍	5%	到期一次还本付息
高利贷	任何时间	与教师协商	20%	到期一次还本付息
资金贴现	任何时间	视应收款额	1 : 6（7）	变现时贴息

（六）原材料采购及加工

用空桶表示原材料订货，将其放在相应的采购订单区域内，并到"供应商及客户中心"登记备案。根据采购订单接受相应原料入库，并按规定付款。开始生产时将原料放在生产线上并支付加工费，每条生产线同一时刻只能生产一个产品。生产产品根据产品需要的原料清单投入相应的原料。R1、R2 只需要提前一个季度订购即可，R3、R4 采购订单必须提前两季度订购。

产品原材料、加工费、成本如表 3-10 所示。

表 3-10　原材料、加工费、成本

产品	原材料	原料价值	加工费（手工/半自动/自动/柔性）	直接成本
P1	R1	1M	1M	2M
P2	R1+R2	2M	1M	3M
P3	2×R2+R3	3M	1M	4M
P4	R2+R3+2×R4	4M	1M	5M

注：①没有下订单的原材料不能采购入库；②所有下订单的原材料到期必须采购入库；③原材料采购时必须支付现金；④所有原材料只能到供应商处购买，公司之间不能进行原材料交易。

（七）订货会议与订单争取

每年初各企业的销售经理与客户见面并召开订货会议，根据市场地位、市场收入、市场需求及竞争态势，按规定程序领取订单。广告投入必须现金支付。投入广告费有两个作用：一是获得拿取订单的机会；二是判断选单顺序。

投入 1M 广告费，可以获得次拿取订单的机会，一次机会允许取得一张订单；如果要获得更多的拿单机会，每增加一个机会需要投入 2M 广告，比如，投入 5M 广告表示有三次获得订单的机会，最多可以获得 3 张订单；如果要获取有 ISO 要求的订单，首先要开发完成 ISO 认证，然后在每次的投入广告时，要在 ISO9000 和 ISO14000 的位置上分别投放 1M 的广告，或只选择 ISO9000 或 ISO14000，这样就有资格在该市场的任何产品中，取得标有 ISO9000 或 ISO14000 的订单（前提是具有获得产品的机会），否则无法获得有 ISO 规定的订单。

选单流程如下：

（1）各公司将广告费按市场、产品填写在广告投放的竞单表中。

（2）根据市场和产品类别确定所有公司对订单的需求量。

（3）根据需求量发出可供选择的订单，发出订单的数量依据三条原则确定：

1）如在某个产品各公司的总需要量（根据广告费计算）大于市场上该产品的总订单数，则发出该产品的全部订单，供各公司选择；比如各公司需要 8 张订单（根据广告费计算），市场上有 7 张订单，则可供选择的订单为 7 张。

2）如果对某个产品各公司的总需求量小于市场上该产品的订单总数且有大于一家的公司投放了该产品的广告（非独家需求），将按照订单的总需求量（所有公司对订单的需求总和）发出订单，供有需求的公司选择。

3）如果在一个产品上只有一家公司投放了广告即为独家需求，将发放全部订单供该公司选择。

（4）排定选单顺序，选单顺序依据以下顺序原则确定：

1）市场老大优先，即上年该市场所有品订单销售额第一，且完成所有订单的公司，本年度在该市场的两种产品上可以优先选单（前提是在产品上投放了广告费），市场老大在竞货单上优先选择的产品前打钩。

2）按照在某一产品上投放广告费用的多少，排定选单顺序。

3）如果在一个产品投入的广告费相同，按照本次市场的总投入量（所有产品上投入广告的合计，加上 ISO9000 和 ISO14000 的广告投入），排定选单顺序。

4）如果该市场广告总投入量一样，按照上年的市场销售排名（上年该市场所有产品的销售总和）排定选单顺序。

5）如果上年市场销售排名一样（包括新进入的市场），则采取其他方式（如抓阄）方式决定选单顺序。

注意：

① 选择订单时，可以根据能力放弃选择订单的权利，当某一轮放弃了选单后，视为退出本产品的选单，即在以后的各轮中，均不得选单。

② 按选单顺序分轮次进行选单有资格的公司在各轮中只能选择一张订单。当第一轮选单完成后，如果还有剩余的订单，还有机会的公司可以按选单顺序进入下一轮选单。

（八）交货与违约处罚

普通订单可在当年任一季度当"企业经营流程记录单"执行到"按订单交货"交货时交货，年底必须全部交货。加急订单必须在第一季度交货。出现逾期交货时，必须先将逾期的订单交完货后方可再交其他订单，加急订单如果第一季度不能交货必须在第二季度交，如果还不能交就无条件收回订单。逾期订单在交货时按该订单销售额的 80% 结算货款，如果该组是市场老大，在取消其市场老大的地位，本年度无市场老大。每张订单必须一次性全额交货。

（九）综合费用与折旧、税金

行政管理费、市场开拓、营销广告、生产线转产、设备维护、厂房租金、ISO 认证、产品研发等计入综合管理费。行政管理费每季度末支付 1M。每年末按当年利润的 25% 计提所得税（四舍五入）并计入应付税金，在下一年初交纳。出现盈利时，按弥补以前年度亏损后的余额计提所得税。

公式：

（1）上年权益 > 起始年权益（81M）：

税金 = 本年利润 × 25%

（2）上年权益 < 起始年权益（81M）：

税金 =（上年权益 + 本年利润 – 起始年权益（81M））× 25%

五、项目综合评分标准

模拟结果根据各个小组的最后权益、生产能力、资源状态等进行综合评分，根据分数高低排名次。

评比公式：

总成绩＝所有者权益（结束年）×（1＋企业综合发展潜力/100）－其他扣分＋其他加分

（一）"企业综合发展潜力"为在以下附加要求之下的分数之和

（1）生产线要求最少生产出一个产品，并且要处于生产状态或者转产状态的生产线才能加分；在建和建好但是没有生产出产品的生产线不记加分。

（2）小厂房要求里边最少要有一条投产的生产线才能加分。

（3）每种原材料库存要求最少要有一个。

大厂房	+15
小厂房	+10
手工生产线	+2/ 条
半自动生产线	+5/ 条
全自动生产线	+10/ 条
柔性生产线	+15/ 条
区城市场开发	+5
国内市场开发	+10
亚非拉市场开发	+15
欧美市场开发	+15
ISO9000	+10
ISO14000	+10
P2 产品开发	+10
P3 产品开发	+10
P4 产品开发	+15
结束年本地市场第一	+15
结束年区域市场第一	+15
结束年国内市场第一	+15
结束年亚拉市场第一	+15
结束年欧美市场第一	+15

（二）"其他扣分"为以下分数之和

高利贷扣分	10 次
延时交报表	–2/1~5 分钟
报表错误	–5/ 次
运营不规范	–4/ 次
追加股东投资	–100

（三）"其他加分"为以下分数之和

各经营年度第一组提交报表且没有错误的团队   +4 分 / 次

六、初始状态设定

目前，企业拥有大厂房一间，内部能够容纳六条生产线，现有三条手工生产线和一条半自动生产线运行状态良好，所有生产设备在生产 P1 产品。企业的资产负债表和利润表如表 3-11、表 3-12 所示。

表 3-11   资产负债表   单位：百万元

资产	期初数	期末数	负债和所有者权益	期初数	期末数
流动资产			负债		
现金		32	长期负债		40
应收款		15	短期负债		
在制品		8	应付账款		
成品		4	应交税金		1
原料		3	一年内到期的长期负债		
流动资产合计		62	负债合计		41
固定资产					
土地和建筑		45			65
机器和设备		13			11
在建工程					3
固定资产合计		58			79
资产总计		120			120

表 3-12   利润表   单位：百万元

项目	上年数	本年数
销售收入		35
直接成本		12
毛利		23
综合费用		11
折旧		4

续表

项目	上年数	本年数
财务收入 / 支出		4
税前利润		4
所得税		1
净利润		3

各种资产状态如下：

（一）流动资产 60M

（1）现金 30M。

（2）应收账款 15M，目前账期为 3 期。

（3）在制品 8M（4 个 P1 在制品），目前分到在手工生产线的第一、第二、第三格内和半自动生产线第一格内。

（4）成品 4M（2 个 P1 成品），在成品库内。

（5）原材料 3M，3 个 R1 在原料库内。另向原料厂商预订了 R1 原料 2 个，需在原料订单处放置空桶装上原料订单。

（二）固定资产 58M

（1）大厂房 45M，将大厂房的现金条放在大厂房处。

（2）设备价值 13M，3 条手工生产线每条的账面价值为 3M，半自动生产线价值为 4M。取 4 个桶放入相应的现金，将桶放在生产线前边的序号上方。

（三）负债 41M

（1）长期贷款 40M，目前分别处在第四年和第五年。取长期贷款的现金条以在相应的位置。

（2）应交税金 1M，本年度应缴税金 1M，税金在下一年度缴纳，本年度不做操作。

七、初始年的运营

本着"扶上马，送一程"的原则，在企业运营的起始年，新任管理层在老管理层的带领下经营，决策权在老管理层，新管理层要尽快地熟悉规则，掌握企业经营的流程。

（一）初始年的说明

（1）不做任何贷款。

（2）不做任何投资。包括产品开发、市场开发、ISO 认证、生产线投资和厂房投资等。

（3）不变卖任何资产（包括生产线、厂房等）。

（4）年初支付 1M 的广告费。

（5）每个季度下 1 个 R1 的原材料订单。

（6）生产持续进行。

（7）贷款时间照样计算。

（二）初始年运营流程

第一季度：

（1）新年度会议。由总经理召开新年度规划会议。由于初始年按照既定的规划生产，也不做贷款和其他项目的开发，因此很简短的就可以结束。会议结束后，总经理在相应表格内画"√"。

（2）订货会议。销售总监参加订货会议，根据要求填写广告，每个企业投入 1M 的广告费，得到一张相同的订单。同时要支付广告费 1M，总经理在相应表格内写入"–1M"，表示支出了 1M。

（3）登记销售订单。销售总监按照订单的内容填写"订单登记表"，其中的"销售额""成本""毛利"在交货后填写。总经理在对应表格内画"√"。

（4）制定新年度计划。略，直接在第四行的表格内画"√"。

（5）支付应交税。根据上一年结出的应缴税费，取出一个 1M 的币放在沙盘的副盘中"税金"位置，总经理在对应的表格内填入"–1M"。

（6）期初现金盘点。期初有现金 20M，支付广告费和税金 2M，所以在对应的表格内填入"18M"。

（7）更新短期贷款 / 还本付息 / 申请短期贷款（高利贷）。因没有短期贷款和高利贷，所以直接在相应的表格内画"×"。

（8）更新应付款 / 归还应付款。当企业购入其他企业产品时，会发生此项业务，因本年没有此项业务，所以直接在相应的表格内画"×"。

（9）原材料入库更新原料订单。采购总监携带 2M 现金到"供应商及客户中心"将上期预订的 2 个 R1 原料取回并放入原料库，总经理在相应表格内画"–2M"号。

（10）下原料订单。由采购总监到"供应商及客户中心"登记处取 1 个 RI 的原材料订单，并取一空桶，把原料订购单放在空桶里，然后对应地放在盘面的原料订单区。总经理在对应的表格内画"√"。

（11）更新生产 / 完工入库。生产总监将盘面的产品依次推入下一格。下线品放入相应成品库，总经理在对应的表格内画"√"。

（12）投资新生产线 / 变卖生产线 / 生产线转产。本年没有此项业务，总经理直接在相应的表格内画"×"。

（13）向其他企业购买原材料 / 出售原材料。本年没有此项业务，总经理直接在相应的表格内画"×"。

（14）开始下一批生产。生产总监从原料库取 1 个 R1 原料，同时取 1M 的现金（人工成本）放在一个圆桶内，做成 P1 产品，放在空出的生产线的表格内。由于支付了 1M 的人工费，所以总经理在相应的表格内填入"–1M"。

（15）更新应收款 / 应收款收现。财务总监现有的应收账款向现金方向移动格，若有现金移出应收账款，则应放入"现金"位置。本期是将 15M 的应收账款。

八、市场预测报表

（一）产品需求量预测

1. 本地市场 P 系列产品需求量预测

表 3-13　本地市场 P 系列产品需求量预测

产品 / 年份	1	2	3	4	5	6
P1	24	21	19	18	14	10
P2	0	10	16	17	16	14
P3	0	7	13	12	15	19
P4	0	0	0	3	5	7

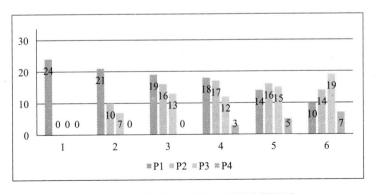

图 3-2　本地市场 P 系列产品需求量预测

2. 区域市场 P 系列产品需求量预测

表 3-14　区域市场 P 系列产品需求量预测

产品 / 年份	1	2	3	4	5	6
P1	0	11	9	8	7	6
P2	0	13	14	17	18	13
P3	0	5	9	10	14	14
P4	0	0	4	6	9	11

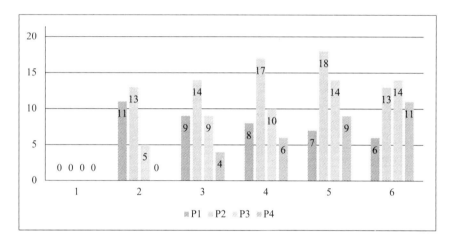

图 3-3　区域市场 P 系列产品需求量预测

3. 国内市场 P 系列产品需求量预测

表 3-15　国内市场 P 系列产品需求量预测

产品 / 年份	1	2	3	4	5	6
P1	0	0	18	17	13	12
P2	0	0	17	18	17	14
P3	0	0	10	11	13	14
P4	0	0	0	0	5	8

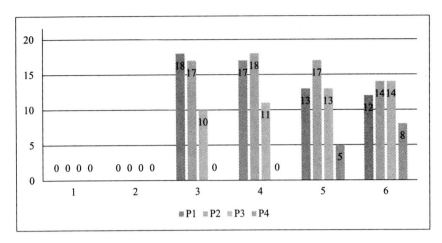

图 3-4　国内市场 P 系列产品需求量预测

4. 欧美市场 P 系列产品需求量预测

表 3-16　欧美市场 P 系列产品需求量预测

产品／年份	1	2	3	4	5	6
P1	0	0	0	0	20	21
P2	0	0	0	0	13	12
P3	0	0	0	0	0	0
P4	0	0	0	0	0	0

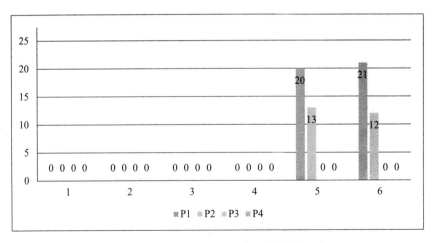

图 3-5　欧美市场 P 系列产品需求量预测

5. 亚非拉市场 P 系列产品需求量预测

表 3-17 亚非拉市场 P 系列产品需求量预测

产品 / 年份	1	2	3	4	5	6
P1	0	0	0	16	17	11
P2	0	0	0	16	15	11
P3	0	0	0	12	15	17
P4	0	0	0	0	6	9

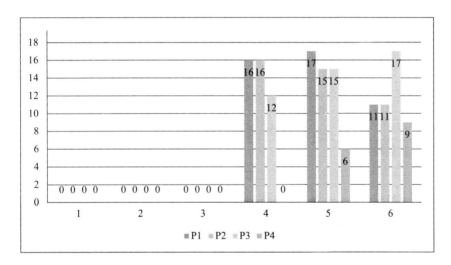

图 3-6 亚非拉市场 P 系列产品需求量预测

（二）产品价格预测

1. 本地市场产品价格预测

表 3-18 本地市场产品价格预测

产品 / 年份	1	2	3	4	5	6
P1	1.8	1.9	4.7	5.7	4.6	3.9
P2	0	3.4	6.9	8.2	7.5	7.1
P3	0	3.1	8	8.2	8.7	10.0
P4	0	0	0	9	8.4	8.4

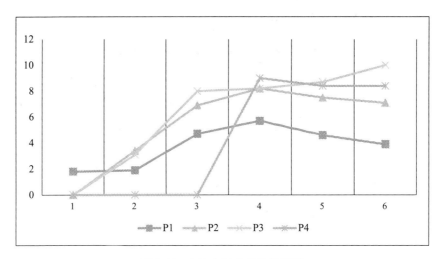

图 3-7　本地市场产品价格预测

2. 区域市场产品价格预测

表 3-19　区域市场产品价格预测

产品 / 年份	1	2	3	4	5	6
P1	0	2.3	5.0	5.0	5.0	5.0
P2	0	3.3	7.8	7.4	8.2	6.0
P3	0	2.9	8.1	8.1	9.1	9.6
P4	0	0.0	8.0	8.0	9.2	9.5

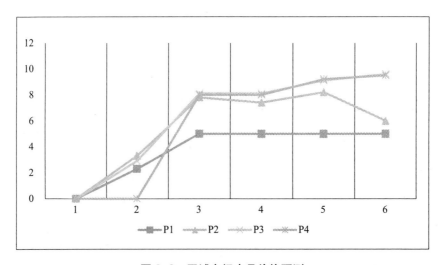

图 3-8　区域市场产品价格预测

3. 国内市场产品价格预测

表 3-20 国内市场产品价格预测

产品 / 年份	1	2	3	4	5	6
P1	0	0	4.9	4.9	5.0	4.6
P2	0	0	8.1	8.1	8.2	7.2
P3	0	0	8.0	8.2	9.1	8.0
P4	0	0	0.0	0	9.2	8.6

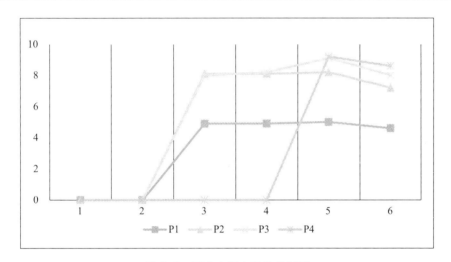

图 3-9 国内市场产品价格预测

4. 欧美市场产品价格预测

表 3-21 欧美市场产品价格预测

产品 / 年份	1	2	3	4	5	6
P1	0	0	0	0	5.6	6.0
P2	0	0	0	0	6.9	7.3
P3	0	0	0	0	0	0
P4	0	0	0	0	0	0

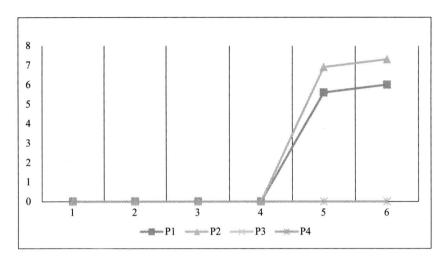

图 3-10 欧美市场产品价格预测

5. 亚非拉市场产品价格预测

表 3-22 亚非拉市场产品价格预测

产品 / 年份	1	2	3	4	5	6
P1	0	0	0	0	5.6	6.0
P2	0	0	0	0	6.9	7.3
P3	0	0	0	0	0	0
P4	0	0	0	0	0	0

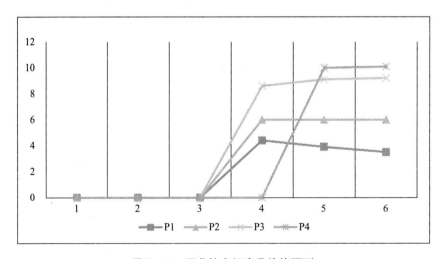

图 3-11 亚非拉市场产品价格预测

项目四　数智沙盘

一、ERP 数智沙盘的特点

ERP 数智沙盘秉承了 ERP 手工沙盘形象直观的特点，同时实现了选单、经营过程、报表生成的全自动操作，将教师彻底从发放订单、报表录入、监督控制等具体操作中解放出来，将教学研究的重点放在企业经营的本质分析。

ERP 数智沙盘具有以下特点：

（1）（9）（10）采用 B/S 架构，基于 Web 的操作平台，安装简便，可实现本地或异地的训练。

（2）可以对运营过程的主要环节进行严格控制，学生不能擅自改变操作顺序，也不能随意反悔操作，避免作弊。

（3）自动核对现金流，并依据现金流对企业运行进行控制，避免随意挪用现金的操作，从而真实反映现金对企业运行的关键作用。

（4）实现交易活动（包括银行贷款、销售订货、原料采购、交货、应收账款回收、市场调查等）的本地操作，以及操作合法性验证的自动化。

（5）可以与手工沙盘结合使用，也可单独使用（如竞赛）。

（6）有多组训练模式的选择，标准版可在 6~18 组中任选。

（7）可以有限地改变运行环境参数，调节运行难度。

（8）增加了系统间谍功能。

（9）系统中集成了即时信息功能。

（10）强大的用户决策跟踪——可无遗漏地暴露决策失误，进行赛后复盘分析。ERP 手工沙盘模拟侧重于对企业经营的综合认知。但存在三个不可回避的问题：一是企业经营监控不力；二是参与课程人数受到限制；三是教师端的操作工作量大。ERP 数智沙盘的引入可以有效地解决上述问题，ERP 数智沙盘经营可以作为集中课程进行，也可以由学生社团组织沙盘竞赛的形式开展。

ERP 数智沙盘彻底实现了时间不可倒流的控制，即所有的运营环节一经执行，便不能反悔，更为真实地体现了现实公司运作环境。这就迫使学生像真正企业经营一样负责任地做好每一项决定，认真执行好每一项工作。

本章主要介绍数智沙盘系统的规则与操作方法。初始现金一般以 300M 为宜，教师也可以视受训者情况对系统参数予以调整。

二、经营规则

（一）生产线

表 4-1　生产线

线性名称	购买价格（元）	安装周期（季）	生产周期（季）	产量	转产周期（季）	转产价格（元）	残值（元）	维修费用（元）	需要普通工人	需要高级工人	碳排放量
传统线	50000	0	2	40	1	5000	5000	500	2	1	60
智能线	100000	1	1	20	0	5000	15000	1500	0	1	30
太阳能线	200000	2	1	30	0	0	30000	5000	0	1	1

（二）资产处理

表 4-2　资产处理

资产名称	资产编码	处理价格
产品	1	0.8
原料	2	0.8

（三）工人招聘

表 4-3　工人招聘

名称	编码	初始期望工资（元）	计件	每季度数量	效率（%）
手工工人	GR1	500	50	30	50
高级技工	GR2	1500	100	40	60

（四）工人培训规则

表 4-4 工人培训规则

培训名称	消耗现金（元）	消耗时间（季）	原岗位	培训后岗位	工资涨幅（%）
升级培训	5000	1	GR1	GR2	100

（五）贷款规则

表 4-5 贷款规则

贷款名称	贷款编码	额度上限（倍）	贷款时间（季）	还款方式	利率（%）
直接融资	DK1	3	1	1	5
短期银行融资	DK2	3	4	1	10
长期银行融资	DK3	3	8	2	2

（六）贴现规则

表 4-6 贴现规则

名称	编码	收款期（季）	贴息（%）
4 季贴现	TX1	4	10
3 季贴现	TX2	3	7
2 季贴现	TX3	2	5
1 季贴现	TX4	1	3

（七）费用规则

表 4-7 费用规则

费用名称	费用编码	费用金额（元）
管理费用	FY1	500

（八）基本规则

表 4-8　基本规则

规则名称	规则编号	规则值
违约金	GZ1	20
税率	GZ1	20
碳中和费用	GZ3	5
咨询费	GZ4	2000

（九）班次规则

表 4-9　班次规则

班次名称	班次编码	产量加成（倍）	效率损失（%）
8 时制	BC1	1	2
12 时制	BC2	1.2	50

（十）员工激励

表 4-10　员工激励

激励名称	编码	提升效率比例（%）
激励	JL1	20
涨薪	JL2	50

（十一）数字化

表 4-11　数字化

岗位编码	消耗金钱（元）	消耗时间（季）
1	100000	4
2	100000	4
3	100000	4
4	100000	4

三、操作流程

（一）营销总监操作流程

1. 市场调研

点击"市场调研"按钮，弹出图4-1，可根据市场预测制定营销策略。

图4-1 系统界面

2. 渠道管理

点击"渠"按钮，此步骤主要是开阔市场，点击"开拓"即可。开拓完成后可在该市场直接销售产品。如图4-2所示。

图4-2 渠道管理

3. 产品与资质管理

点击任务栏中"产"进入资质认证页面，单击左侧"产品资质状态"可进行产品资质认证。点击"申请"完成新产品资质申请。单击右侧"ISO 认证状态"进入 ISO 认证页面，点击"认证"即可。如图 4-3、图 4-4 所示。

图 4-3　产品管理（一）

图 4-4　产品管理（二）

4. 促销管理

点击"促"进入广告投放页面。可在本页选择投放广告的市场。广告可多累加但不可减少。如图 4-5 所示。

图 4-5 促销管理

5. 竞单管理

单击"竞"进入选单页面。在该页面下，单击"申报"弹出对话框，可在对话框内填写申报的数量和价格。单击"已申报订单"可查看企业申报的总订单。可在订单申报期内，对订单数量和价格进行修改。同时，申报数量和价格不得超过订单数量和参考价格。如图 4-6、图 4-7 所示。

图 4-6 竞单管理（一）

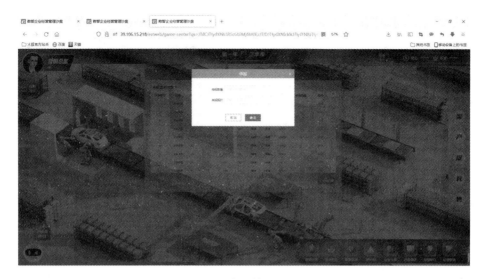

图 4-7　竞单管理（二）

6. 交付管理

点击"售"按钮，弹出订单交付页面。本页面展示企业申请并得到的订单，当企业有足够的产品数量时，可单机"交货"按钮，及时交货。交货时间可提前，不可延后。交货期为本年第几季度。如 DD1，必须在第一年第四季度完成交货。否则为违约。如图 4-8 所示。

图 4-8　交付管理

（二）财务总监操作流程

财务总监主要职责是融资、收款、付款、费用支出、预算控制、报表核对。如图4-9所示。

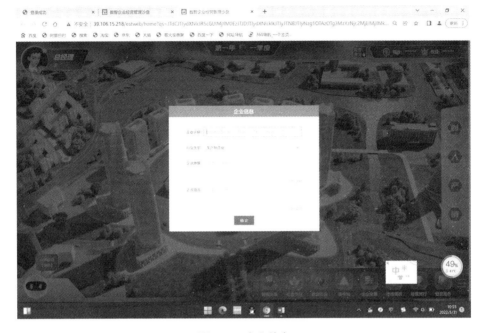

图 4-9 企业信息

1. 融资管理

（1）单击页面中"融"按钮，进入融资管理页面。

（2）在该页面下，"融资决策"处选择一个套餐，在额度任务栏中填写额度。

（3）单击"确定"按钮完成操作。

（4）不同的贷款还款方式也不同，在"还款方式"下明确显示短期贷款和长期贷款的还款方式。"利息"表示，贷款的利息，短贷用5%表示，自贷款之日起，截止到还款期，一共所支付的利息为5%。而长贷的2%，为每季度还款2%。

注意：申请的贷款不可超过"额度上限"。如图4-10所示。

2. 应收账款管理

（1）单击"收"按钮，进入应收账款管理页面。

（2）在页面中单击"收款"按钮，即完成收款操作。

（3）对于未到期的货款，无法进行收款，则页面中显示"贴现"按钮，

图 4-10 融资管理

表示货款未到期，无法立即收款。若企业急需用钱，可以点击"贴现"按钮，进入贴现页面。

（4）在贴现页面文本框中填写所要贴现的金额。

（5）单击"确定"按钮，完成此操作。

（6）完成贴现后，立刻收到扣除贴息的货款，贴息系统自动扣除，总的应收账款也相应减少。如图 4-11 所示。

图 4-11 应收账款管理

3. 应付账款管理

（1）单击"付"按钮，进入应付账款管理页面。

（2）在应付账款页面下，单击"付款"按钮，完成此操作。

注意：关注付款日期，支付本季即可，可提前付款不可延期付款。如图 4-12 所示。

图 4-12　应付账款管理

4. 费用管理

（1）单击任务栏中"费"按钮，进入费用管理页面。

（2）在费用管理页面下，单击"缴纳"，完成此操作。

（3）费用包括管理费、利息费、本金。

注意：按时支付各项费用。如图 4-13 所示。

图 4-13　费用管理

5. 预算控制

（1）单击页面中"控"按钮，进入预算控制页面。

（2）在页面文本框中填写各岗位本季度要使用的资金。（财务总监应与各岗位总监协商好）

（3）最后单击"确定"按钮。

（4）切换季度后，"上季度预算"下显示本季度填入的金额。在"上季度使用"下，显示上季度实际使用的现金情况。"使用率"下，会以百分比方式显示。如图4-14所示。

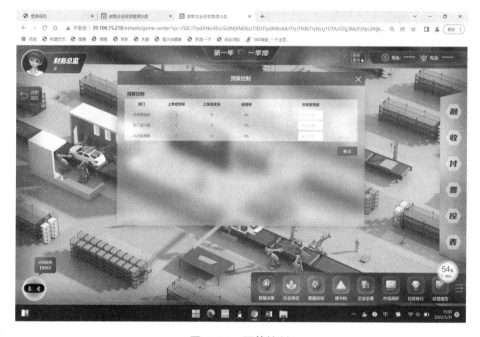

图 4-14 预算控制

6. 报表管理

（1）单击"表"按钮，进入报表管理页面。

（2）在报表管理页面下，可查看企业的三大报表：资产负债表、利润表、现金流量表。

（3）在页面上方可直接点击想查看的报表。

注意：报表无须填写，且展示实时数据。如图4-15~图4-17所示。

图 4-15　报表管理（一）

图 4-16　报表管理（二）

图 4-17　报表管理（三）

（三）生产总监操作流程

1. 工人管理

（1）单击任务栏中"人"按钮，进入工人管理页面。

（2）在页面下，单击"招聘需求填报"按钮，弹出文本框，在文本框中填写具体的工人数量和工作效率。

（3）最后点击"确定"按钮，完成操作。完成后，该数据直接传到人力总监页面。

（4）在设备管理下方，生产线后，文本框中，按照生产线规则，配置工人，配置成功后，点击"保存"按钮，即可完成。

（5）操作完成后，"实际产量"下方显示具体的数字，表示具体的产量。如图 4-18、图 4-19 所示。

图 4-18　招聘需求填报

图 4-19　工人管理

2. 设备管理

（1）单击任务栏中"机"按钮，进入设备管理页面。

（2）在该页面中有如下功能：①购买新的设备；②对老设备进行出售；③将最新的图纸传送的设备；④对目前生产线上的产品进行调整，转为别的产品；⑤生产线开始生产新的产品。

（3）"购买新的设备"在页面两个空白文本框中，选出企业所要购买的生产线和产品，点击"新增"即可。

（4）图中蓝色字体，用于生产线的编辑。

（5）"拆除"按钮，相当于生产线出售。

（6）单击"更新BOM"按钮，将最新的图纸传入生产线中。

（7）单击"转产"按钮，可直接将生产线当前生产的产品转成其他产品。

（8）单击"开产"按钮，即生产线开始生产新的产品，进入工作状态。如图4-20、图4-21所示。

图4-20　设备管理（一）

图4-21　设备管理（二）

3. 库存管理

（1）单击"料"按钮，进入库存管理页面。

（2）在库存管理页面中，点击"下单"按钮，弹出下单信息对话框。

（3）在文本框中填写具体数字，点击"确定"，完成订购原材料操作。

（4）在页面最下方"原料订单""原料库存""产品库存"可随意切换进行查看详情。

（5）点击"收货"按钮，将订购的原料收入库中。

（6）"原料库存""产品库存"中，可查看具体的库存数量，点击库中"出售"按钮，可将库存折价出售。如图 4-22 所示。

图 4-22　库存管理

4. 设计管理

（1）单击任务栏中"法"按钮，进入设计管理页面。

（2）在产品原型处选择左上角所要设计的产品"T1 型、T2 型、T3 型"。

（3）点击"替换"选择页面上方的特性。

（4）点击"确定"按钮，自动生成新的版号。

（5）在"历史版本查询"处查看本企业已经生成的版本。

（6）新的图纸生成时，"版号"栏中显示当前产品版本编号，生产线更新 BOM 时，更新该产品的最新版本号。

（7）不可使用已经更新换代过后的版本。如图 4-23 所示。

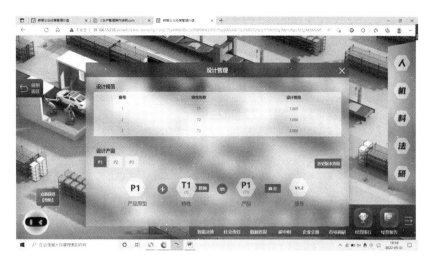

图 4-23 设计管理

5. 研发管理

（1）单击任务栏中"研"按钮，进入研发管理页面。

（2）在页面文本框中，选择所要提升的产品种类"豪华内饰、超大空间、超强性能"（不同的规则，特性名称不同），右侧输入想要研发的数量（不得小于等于当前研发值），当页面右下角自动算出研发费用，点击"研发"即完成操作。

（3）特性研发用于提升分配订单时的得分，不影响产品生产的图纸。用于选单时任意市场该特性的产品。如图 4-24 所示。

图 4-24 研发管理

（四）人力总监操作流程

1. 招聘工人

（1）单击人力总监任务栏中"选"，进入招聘管理页面。

（2）"人力资源需求"由生产总监填写。

（3）根据"人力资源需求"栏下的招聘条件为企业招聘工人。

（4）"人力资源市场"页面右下角处，可直接点击对应数字切换到该页面。

（5）选择好工人，单击"发 offer"弹出 offer 管理页面。

（6）在本页面中文本框中填写为工人支付的工资。

（7）单击"确定"按钮，完成操作。

（8）发放 offer 完成后，直接在页面上面显示已经发放成功的信息。

（9）单击"查看 offer"可查看企业为该工人支付的工资。

（10）单击"修改"按钮，可对工资重新定薪。

（11）"期望月薪"为工人希望得到的工资，期望月薪不等于发给工人的工资，具体的工资可由企业任意填写。如图 4-25、图 4-26 所示。

图 4-25　招聘管理

图 4-26　offer 管理

2. 岗位管理

（1）单击任务栏中"用"，进入岗位管理页面。

（2）在该页面下单击"统一发薪"按钮，为所有员工支付员工工资。

（3）单击"确定"按钮，完成薪水发放。

（4）对已经发放完成的工人，可以选择是否解雇。

（5）如需解雇工人，单击"解雇"按钮，在弹出的对话框中单击"确定"按钮，完成操作。

注意：只有支付完工资后才可进行解雇。如图 4-27 所示。

图 4-27　岗位管理

3. 培训管理

（1）单击"育"按钮，进入培训管理页面。

（2）在页面中，点击"+"可选择工人。

（3）单击"开始培训"按钮，完成培训任务。

注意：只能培育初级工人；只能培训停工状态的工人。工人开启培训后无法暂停，也无法上工开产。如图 4-28 所示。

图 4-28　培训管理

4. 激励管理

（1）单击"留"按钮，进入激励管理页面。

（2）在页面中，单击"涨薪"按钮，弹出涨薪信息对话框。

（3）在对话框中输入具体额度，单击"确定"按钮，完成操作。

（4）在激励管理页面中，也可单击"激励"按钮，弹出激励信息对话框。

（5）在对话框中输入具体额度，单击"确定"按钮，完成操作。

注意："涨薪"和"激励"均属于提升工人效率，但提升的效率和支付的方式不同。"涨薪"后不会立即扣除现金，但自下季度起，工人工资增加，为持续性的。"激励"的方式是直接支付现金，且为一次性的，也可理解为福利。如图 4-29 所示。

图 4-29　激励管理

项目五 ERP 沙盘模拟

——实训手册

企业经营流程记录单（起始年）

___组

项目		一季度	二季度	三季度	四季度
新年度规划会议					
参加订货会 / 支付广告费					
登记销售订单					
制定新年度生产计划					
支付应付税					
季初现金盘点（请填余额）					
更新短期贷款 / 还本付息 / 申请短期贷款					
原材料入库 / 更新原料订单 / 下原料订单					
更新生产 / 完工入库					
投资新生产线 / 变卖生产线 / 生产线转场					
开始下一批生产					
更新应收款 / 应收款收现					
出售厂房					
向其他企业购买成品 / 出售成品					
按订单交货					
产品研发投资					
支付行政管理费					
其他现金收支情况登记（贴现 / 出售厂房）					
支付利息 / 更新长期贷款 / 申请长期贷款					
支付设备维护费					
支付租金 / 购买厂房					
计提折旧					（　　）
新市场开拓 /ISO 资格认证投资					
现金收入合计					
现金支出合计					
期末盘点	期末现金对账（请填余额）				
	原材料库存（采购负责人核对）				
	在制品（生产负责人核对）				
	成品库存（销售负责人核对）				
期末结账（完成所有的其他表格）					

注：每执行完一项操作，CEO 在相应的方格内打钩或打叉；其他负责人核对现金收支情况。

<h2 style="text-align:center">企业经营流程记录单（第一年）</h2>

____组

项目		一季度	二季度	三季度	四季度
新年度规划会议					
参加订货会/支付广告费					
登记销售订单					
制定新年度生产计划					
支付应付税					
季初现金盘点（请填余额）					
更新短期贷款/还本付息/申请短期贷款					
原材料入库/更新原料订单/下原料订单					
更新生产/完工入库					
投资新生产线/变卖生产线/生产线转场					
开始下一批生产					
更新应收款/应收款收现					
出售厂房					
向其他企业购买成品/出售成品					
按订单交货					
产品研发投资					
支付行政管理费					
其他现金收支情况登记（贴现/出售厂房）					
支付利息/更新长期贷款/申请长期贷款					
支付设备维护费					
支付租金/购买厂房					
计提折旧					（ ）
新市场开拓/ISO资格认证投资					
现金收入合计					
现金支出合计					
期末盘点	期末现金对账（请填余额）				
	原材料库存（采购负责人核对）				
	在制品（生产负责人核对）				
	成品库存（销售负责人核对）				
期末结账（完成所有的其他表格）					

注：每执行完一项操作，CEO在相应的方格内打钩或打叉；其他负责人核对现金收支情况。

企业经营流程记录单（第二年）

___组

项目		一季度	二季度	三季度	四季度
新年度规划会议					
参加订货会 / 支付广告费					
登记销售订单					
制定新年度生产计划					
支付应付税					
季初现金盘点（请填余额）					
更新短期贷款 / 还本付息 / 申请短期贷款					
原材料入库 / 更新原料订单 / 下原料订单					
更新生产 / 完工入库					
投资新生产线 / 变卖生产线 / 生产线转场					
开始下一批生产					
更新应收款 / 应收款收现					
出售厂房					
向其他企业购买成品 / 出售成品					
按订单交货					
产品研发投资					
支付行政管理费					
其他现金收支情况登记（贴现 / 出售厂房）					
支付利息 / 更新长期贷款 / 申请长期贷款					
支付设备维护费					
支付租金 / 购买厂房					
计提折旧					（　　）
新市场开拓 /ISO 资格认证投资					
现金收入合计					
现金支出合计					
期末盘点	期末现金对账（请填余额）				
	原材料库存（采购负责人核对）				
	在制品（生产负责人核对）				
	成品库存（销售负责人核对）				
期末结账（完成所有的其他表格）					

注：每执行完一项操作，CEO 在相应的方格内打钩或打叉；其他负责人核对现金收支情况。

企业经营流程记录单（第三年）

_____组

项目	一季度	二季度	三季度	四季度
新年度规划会议				
参加订货会 / 支付广告费				
登记销售订单				
制定新年度生产计划				
支付应付税				
季初现金盘点（请填余额）				
更新短期贷款 / 还本付息 / 申请短期贷款				
原材料入库 / 更新原料订单 / 下原料订单				
更新生产 / 完工入库				
投资新生产线 / 变卖生产线 / 生产线转场				
开始下一批生产				
更新应收款 / 应收款收现				
出售厂房				
向其他企业购买成品 / 出售成品				
按订单交货				
产品研发投资				
支付行政管理费				
其他现金收支情况登记（贴现 / 出售厂房）				
支付利息 / 更新长期贷款 / 申请长期贷款				
支付设备维护费				
支付租金 / 购买厂房				
计提折旧				（　　　）
新市场开拓 /ISO 资格认证投资				
现金收入合计				
现金支出合计				
期末盘点	期末现金对账（请填余额）				
	原材料库存（采购负责人核对）				
	在制品（生产负责人核对）				
	成品库存（销售负责人核对）				
期末结账（完成所有的其他表格）				

注：每执行完一项操作，CEO 在相应的方格内打钩或打叉；其他负责人核对现金收支情况。

企业经营流程记录单（第四年）

___组

项目		一季度	二季度	三季度	四季度
新年度规划会议					
参加订货会 / 支付广告费					
登记销售订单					
制定新年度生产计划					
支付应付税					
季初现金盘点（请填余额）					
更新短期贷款 / 还本付息 / 申请短期贷款					
原材料入库 / 更新原料订单 / 下原料订单					
更新生产 / 完工入库					
投资新生产线 / 变卖生产线 / 生产线转场					
开始下一批生产					
更新应收款 / 应收款收现					
出售厂房					
向其他企业购买成品 / 出售成品					
按订单交货					
产品研发投资					
支付行政管理费					
其他现金收支情况登记（贴现 / 出售厂房）					
支付利息 / 更新长期贷款 / 申请长期贷款					
支付设备维护费					
支付租金 / 购买厂房					
计提折旧					（　　）
新市场开拓 /ISO 资格认证投资					
现金收入合计					
现金支出合计					
期末盘点	期末现金对账（请填余额）				
	原材料库存（采购负责人核对）				
	在制品（生产负责人核对）				
	成品库存（销售负责人核对）				
期末结账（完成所有的其他表格）					

注：每执行完一项操作，CEO 在相应的方格内打钩或打叉；其他负责人核对现金收支情况。

企业经营流程记录单（第五年）

_____组

项目	一季度	二季度	三季度	四季度
新年度规划会议				
参加订货会 / 支付广告费				
登记销售订单				
制定新年度生产计划				
支付应付税				
季初现金盘点（请填余额）				
更新短期贷款 / 还本付息 / 申请短期贷款				
原材料入库 / 更新原料订单 / 下原料订单				
更新生产 / 完工入库				
投资新生产线 / 变卖生产线 / 生产线转场				
开始下一批生产				
更新应收款 / 应收款收现				
出售厂房				
向其他企业购买成品 / 出售成品				
按订单交货				
产品研发投资				
支付行政管理费				
其他现金收支情况登记（贴现 / 出售厂房）				
支付利息 / 更新长期贷款 / 申请长期贷款				
支付设备维护费				
支付租金 / 购买厂房				
计提折旧				（　　）
新市场开拓 /ISO 资格认证投资				
现金收入合计				
现金支出合计				
期末盘点　期末现金对账（请填余额）				
原材料库存（采购负责人核对）				
在制品（生产负责人核对）				
成品库存（销售负责人核对）				
期末结账（完成所有的其他表格）				

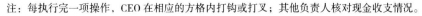

注：每执行完一项操作，CEO 在相应的方格内打钩或打叉；其他负责人核对现金收支情况。

企业经营流程记录单（第六年）

____组

项目		一季度	二季度	三季度	四季度
新年度规划会议					
参加订货会／支付广告费					
登记销售订单					
制定新年度生产计划					
支付应付税					
季初现金盘点（请填余额）					
更新短期贷款／还本付息／申请短期贷款					
原材料入库／更新原料订单／下原料订单					
更新生产／完工入库					
投资新生产线／变卖生产线／生产线转场					
开始下一批生产					
更新应收款／应收款收现					
出售厂房					
向其他企业购买成品／出售成品					
按订单交货					
产品研发投资					
支付行政管理费					
其他现金收支情况登记（贴现／出售厂房）					
支付利息／更新长期贷款／申请长期贷款					
支付设备维护费					
支付租金／购买厂房					
计提折旧					（ ）
新市场开拓/ISO 资格认证投资					
现金收入合计					
现金支出合计					
期末 盘点	期末现金对账（请填余额）				
	原材料库存（采购负责人核对）				
	在制品（生产负责人核对）				
	成品库存（销售负责人核对）				
期末结账（完成所有的其他表格）					

注：每执行完一项操作，CEO 在相应的方格内打钩或打叉；其他负责人核对现金收支情况。

起始年（　　　　组）

订单登记表

订单号									合计
市场									
产品									
数量									
账期									
销售额									
成本									
毛利									
罚款									

各市场销售额统计表

	订单一	订单二	订单三	订单四	合计
本地市场					
区域市场					
国内市场					
亚非拉市场					
欧美市场					

综合管理费用明细表　　　　　　　　　单位：百万元

项目	金额	备注
管理费		
广告费		
设备维护费		
租金		
转产费		
市场准入开拓		□区域　□国内　□亚洲　□国际
ISO 资格认证		□ ISO9000　□ ISO14000
产品研发		P2（　）　P3（　）　P4（　）
其他（利息 / 贴现费）		
合计		

第一年（　　　组）

订单登记表

订单号								合计
市场								
产品								
数量								
账期								
销售额								
成本								
毛利								
罚款								

各市场销售额统计表

	订单一	订单二	订单三	订单四	合计
本地市场					
区域市场					
国内市场					
亚非拉市场					
欧美市场					

综合管理费用明细表　　　　单位：百万元

项目	金额	备注
管理费		
广告费		
设备维护费		
租金		
转产费		
市场准入开拓		□区域　□国内　□亚洲　□国际
ISO 资格认证		□ ISO9000　□ ISO14000
产品研发		P2（　）　P3（　）　P4（　）
其他（利息 / 贴现费）		
合计		

第二年（　　组）

订单登记表

订单号									合计
市场									
产品									
数量									
账期									
销售额									
成本									
毛利									
罚款									

各市场销售额统计表

	订单一	订单二	订单三	订单四	合计
本地市场					
区域市场					
国内市场					
亚非拉市场					
欧美市场					

综合管理费用明细表　　　　　　　单位：百万元

项目	金额	备注
管理费		
广告费		
设备维护费		
租金		
转产费		
市场准入开拓		□区域　□国内　□亚洲　□国际
ISO 资格认证		□ ISO9000　□ ISO14000
产品研发		P2（　）　P3（　）　P4（　）
其他（利息 / 贴现费）		
合计		

第三年（　　组）

订单登记表

订单号								合计
市场								
产品								
数量								
账期								
销售额								
成本								
毛利								
罚款								

各市场销售额统计表

	订单一	订单二	订单三	订单四	合计
本地市场					
区域市场					
国内市场					
亚非拉市场					
欧美市场					

综合管理费用明细表　　　　　　　单位：百万元

项目	金额	备注
管理费		
广告费		
设备维护费		
租金		
转产费		
市场准入开拓		□区域　　□国内　　□亚洲　　□国际
ISO 资格认证		□ ISO9000　　□ ISO14000
产品研发		P2（　　）　P3（　　）　P4（　　）
其他（利息/贴现费）		
合计		

第四年（　　　组）

订单登记表

订单号								合计
市场								
产品								
数量								
账期								
销售额								
成本								
毛利								
罚款								

各市场销售额统计表

	订单一	订单二	订单三	订单四	合计
本地市场					
区域市场					
国内市场					
亚非拉市场					
欧美市场					

综合管理费用明细表　　　　　　　　单位：百万元

项目	金额	备注
管理费		
广告费		
设备维护费		
租金		
转产费		
市场准入开拓		□区域　□国内　□亚洲　□国际
ISO 资格认证		□ ISO9000　□ ISO14000
产品研发		P2（　）　P3（　）　P4（　）
其他（利息/贴现费）		
合计		

第五年（　　　组）
订单登记表

订单号									合计
市场									
产品									
数量									
账期									
销售额									
成本									
毛利									
罚款									

各市场销售额统计表

	订单一	订单二	订单三	订单四	合计
本地市场					
区域市场					
国内市场					
亚非拉市场					
欧美市场					

综合管理费用明细表　　　　　　单位：百万元

项目	金额	备注
管理费		
广告费		
设备维护费		
租金		
转产费		
市场准入开拓		□区域　□国内　□亚洲　□国际
ISO 资格认证		□ ISO9000　□ ISO14000
产品研发		P2（　） P3（　） P4（　）
其他（利息/贴现费）		
合计		

第六年（　　组）

订单登记表

订单号									合计
市场									
产品									
数量									
账期									
销售额									
成本									
毛利									
罚款									

各市场销售额统计表

	订单一	订单二	订单三	订单四	合计
本地市场					
区域市场					
国内市场					
亚非拉市场					
欧美市场					

综合管理费用明细表　　　　　　　　单位：百万元

项目	金额	备注
管理费		
广告费		
设备维护费		
租金		
转产费		
市场准入开拓		□区域　□国内　□亚洲　□国际
ISO资格认证		□ISO9000　□ISO14000
产品研发		P2（　）P3（　）P4（　）
其他（利息/贴现费）		
合计		

起始年（　　　组）

组间交易明细表

时间	买入（＿＿＿组）			卖出（＿＿＿组）		
季度	产品	数量	金额	产品	数量	金额

利润表　　　　　　　　　单位：百万元

项目	上年数	本年数
销售收入	30	
直接成本	12	
毛利	23	
综合费用	11	
折旧	4	
财务收入/支出	4	
税前利润	4	
所得税	1	
净利润	3	

资产负债表　　　　　　　　单位：百万元

资产	期初数	期末数	负债和所有者权益	期初数	期末数
流动资产：			负债：		
货币资金	32		长期借款	40	
应收账款	15		短期借款		
在产品	8		应付转款		
产成品	4		应交税金	1	
原材料	3		高利贷		
流动资产合计	62		负债合计	41	
固定资产：			所有者权益：		
厂房	45		资本金	65	
机器设备	13		利润留存	11	
在建工程			年度净利	3	
固定资产合计	58		所有者权益合计	79	
资产合计	120		负债和所有者权益总计	120	

第一年（　　　组）

组间交易明细表

时间	买入（　　　组）			卖出（　　　组）		
季度	产品	数量	金额	产品	数量	金额

利润表　　　　　　　　　　　单位：百万元

项目	上年数	本年数
销售收入		
直接成本		
毛利		
综合费用		
折旧		
财务收入/支出		
税前利润		
所得税		
净利润		

资产负债表　　　　　　　　　　　单位：百万元

资产	期初数	期末数	负债和所有者权益	期初数	期末数
流动资产：			负债：		
货币资金			长期借款		
应收账款			短期借款		
在产品			应付转款		
产成品			应交税金		
原材料			高利贷		
流动资产合计			负债合计		
固定资产：			所有者权益：		
厂房			资本金		
机器设备			利润留存		
在建工程			年度净利		
固定资产合计			所有者权益合计		
资产合计			负债和所有者权益总计		

第二年（　　　组）

组间交易明细表

时间	买入（　　组）			卖出（　　组）		
季度	产品	数量	金额	产品	数量	金额

利润表　　　　　　　　　　　单位：百万元

项目	上年数	本年数
销售收入		
直接成本		
毛利		
综合费用		
折旧		
财务收入/支出		
税前利润		
所得税		
净利润		

资产负债表　　　　　　　　　单位：百万元

资产	期初数	期末数	负债和所有者权益	期初数	期末数
流动资产：			负债：		
货币资金			长期借款		
应收账款			短期借款		
在产品			应付转款		
产成品			应交税金		
原材料			高利贷		
流动资产合计			负债合计		
固定资产：			所有者权益：		
厂房			资本金		
机器设备			利润留存		
在建工程			年度净利		
固定资产合计			所有者权益合计		
资产合计			负债和所有者权益总计		

第三年（　　　组）

组间交易明细表

时间	买入（___组）			卖出（___组）		
季度	产品	数量	金额	产品	数量	金额

利润表　　　　　　　　单位：百万元

项目	上年数	本年数
销售收入		
直接成本		
毛利		
综合费用		
折旧		
财务收入/支出		
税前利润		
所得税		
净利润		

资产负债表　　　　　　　　单位：百万元

资产	期初数	期末数	负债和所有者权益	期初数	期末数
流动资产：			负债：		
货币资金			长期借款		
应收账款			短期借款		
在产品			应付转款		
产成品			应交税金		
原材料			高利贷		
流动资产合计			负债合计		
固定资产：			所有者权益：		
厂房			资本金		
机器设备			利润留存		
在建工程			年度净利		
固定资产合计			所有者权益合计		
资产合计			负债和所有者权益总计		

第四年（　　　组）

组间交易明细表

时间	买入（___组）			卖出（___组）		
季度	产品	数量	金额	产品	数量	金额

利润表　　　　　　　单位：百万元

项目	上年数	本年数
销售收入		
直接成本		
毛利		
综合费用		
折旧		
财务收入 / 支出		
税前利润		
所得税		
净利润		

资产负债表　　　　　　　单位：百万元

资产	期初数	期末数	负债和所有者权益	期初数	期末数
流动资产：			负债：		
货币资金			长期借款		
应收账款			短期借款		
在产品			应付转款		
产成品			应交税金		
原材料			高利贷		
流动资产合计			负债合计		
固定资产：			所有者权益：		
厂房			资本金		
机器设备			利润留存		
在建工程			年度净利		
固定资产合计			所有者权益合计		
资产合计			负债和所有者权益总计		

第五年（　　　组）

组间交易明细表

时间	买入（　　组）			卖出（　　组）		
季度	产品	数量	金额	产品	数量	金额

利润表　　　　　　　　　单位：百万元

项目	上年数	本年数
销售收入		
直接成本		
毛利		
综合费用		
折旧		
财务收入/支出		
税前利润		
所得税		
净利润		

资产负债表　　　　　　　　　单位：百万元

资产	期初数	期末数	负债和所有者权益	期初数	期末数
流动资产：			负债：		
货币资金			长期借款		
应收账款			短期借款		
在产品			应付转款		
产成品			应交税金		
原材料			高利贷		
流动资产合计			负债合计		
固定资产：			所有者权益：		
厂房			资本金		
机器设备			利润留存		
在建工程			年度净利		
固定资产合计			所有者权益合计		
资产合计			负债和所有者权益总计		

第六年（　　　组）

组间交易明细表

时间	买入（___组）			卖出（___组）		
季度	产品	数量	金额	产品	数量	金额

利润表　　　　　　　单位：百万元

项目	上年数	本年数
销售收入		
直接成本		
毛利		
综合费用		
折旧		
财务收入 / 支出		
税前利润		
所得税		
净利润		

资产负债表　　　　　　　单位：百万元

资产	期初数	期末数	负债和所有者权益	期初数	期末数
流动资产：			负债：		
货币资金			长期借款		
应收账款			短期借款		
在产品			应付转款		
产成品			应交税金		
原材料			高利贷		
流动资产合计			负债合计		
固定资产：			所有者权益：		
厂房			资本金		
机器设备			利润留存		
在建工程			年度净利		
固定资产合计			所有者权益合计		
资产合计			负债和所有者权益总计		

订单		时间	主任签字	订单		时间	主任签字
R（ ）		Y Q		R（ ）		Y Q	

订单		时间	主任签字	订单		时间	主任签字
R（ ）		Y Q		R（ ）		Y Q	

订单		时间	主任签字	订单		时间	主任签字
R（ ）		Y Q		R（ ）		Y Q	

订单		时间	主任签字	订单		时间	主任签字
R（ ）		Y Q		R（ ）		Y Q	

订单		时间	主任签字	订单		时间	主任签字
R（ ）		Y Q		R（ ）		Y Q	

订单		时间	主任签字	订单		时间	主任签字
R（ ）		Y Q		R（ ）		Y Q	

订单		时间	主任签字	订单		时间	主任签字
R（ ）		Y Q		R（ ）		Y Q	

订单		时间	主任签字	订单		时间	主任签字
R（ ）		Y Q		R（ ）		Y Q	

订单		时间	主任签字	订单		时间	主任签字
R（ ）		Y Q		R（ ）		Y Q	

订单		时间	主任签字	订单		时间	主任签字
R（ ）		Y Q		R（ ）		Y Q	

订单		时间	主任签字	订单		时间	主任签字
R（ ）		Y Q		R（ ）		Y Q	

订单		时间	主任签字	订单		时间	主任签字
R（　）		Y　Q		R（　）		Y　Q	

订单		时间	主任签字	订单		时间	主任签字
R（　）		Y　Q		R（　）		Y　Q	

订单		时间	主任签字	订单		时间	主任签字
R（　）		Y　Q		R（　）		Y　Q	

订单		时间	主任签字	订单		时间	主任签字
R（　）		Y　Q		R（　）		Y　Q	

订单		时间	主任签字	订单		时间	主任签字
R（　）		Y　Q		R（　）		Y　Q	

订单		时间	主任签字	订单		时间	主任签字
R（　）		Y　Q		R（　）		Y　Q	

订单		时间	主任签字	订单		时间	主任签字
R（　）		Y　Q		R（　）		Y　Q	

订单		时间	主任签字	订单		时间	主任签字
R（　）		Y　Q		R（　）		Y　Q	

订单		时间	主任签字	订单		时间	主任签字
R（　）		Y　Q		R（　）		Y　Q	

订单		时间	主任签字	订单		时间	主任签字
R（　）		Y　Q		R（　）		Y　Q	

订单		时间	主任签字	订单		时间	主任签字
R（　）		Y　Q		R（　）		Y　Q	

订单		时间	主任签字	订单		时间	主任签字
R（ ）		Y Q		R（ ）		Y Q	

订单		时间	主任签字	订单		时间	主任签字
R（ ）		Y Q		R（ ）		Y Q	

订单		时间	主任签字	订单		时间	主任签字
R（ ）		Y Q		R（ ）		Y Q	

订单		时间	主任签字	订单		时间	主任签字
R（ ）		Y Q		R（ ）		Y Q	

订单		时间	主任签字	订单		时间	主任签字
R（ ）		Y Q		R（ ）		Y Q	

订单		时间	主任签字	订单		时间	主任签字
R（ ）		Y Q		R（ ）		Y Q	

订单		时间	主任签字	订单		时间	主任签字
R（ ）		Y Q		R（ ）		Y Q	

订单		时间	主任签字	订单		时间	主任签字
R（ ）		Y Q		R（ ）		Y Q	

订单		时间	主任签字	订单		时间	主任签字
R（ ）		Y Q		R（ ）		Y Q	

订单		时间	主任签字	订单		时间	主任签字
R（ ）		Y Q		R（ ）		Y Q	

订单		时间	主任签字	订单		时间	主任签字
R（ ）		Y Q		R（ ）		Y Q	

订单		时间	主任签字	订单		时间	主任签字
R（　）		Y　Q		R（　）		Y　Q	

订单		时间	主任签字	订单		时间	主任签字
R（　）		Y　Q		R（　）		Y　Q	

订单		时间	主任签字	订单		时间	主任签字
R（　）		Y　Q		R（　）		Y　Q	

订单		时间	主任签字	订单		时间	主任签字
R（　）		Y　Q		R（　）		Y　Q	

订单		时间	主任签字	订单		时间	主任签字
R（　）		Y　Q		R（　）		Y　Q	

订单		时间	主任签字	订单		时间	主任签字
R（　）		Y　Q		R（　）		Y　Q	

订单		时间	主任签字	订单		时间	主任签字
R（　）		Y　Q		R（　）		Y　Q	

订单		时间	主任签字	订单		时间	主任签字
R（　）		Y　Q		R（　）		Y　Q	

订单		时间	主任签字	订单		时间	主任签字
R（　）		Y　Q		R（　）		Y　Q	

融资监控记录表格（一）

组	类型	第一年				第二年				第三年			
		一季度	二季度	三季度	四季度	一季度	二季度	三季度	四季度	一季度	二季度	三季度	四季度
A	长期贷款												
	短期贷款												
	高利贷												
B	长期贷款												
	短期贷款												
	高利贷												
C	长期贷款												
	短期贷款												
	高利贷												
D	长期贷款												
	短期贷款												
	高利贷												
E	长期贷款												
	短期贷款												
	高利贷												
F	长期贷款												
	短期贷款												
	高利贷												
G	长期贷款												
	短期贷款												
	高利贷												

融资监控记录表格（二）

组	类型	第四年				第五年				第六年			
		一季度	二季度	三季度	四季度	一季度	二季度	三季度	四季度	一季度	二季度	三季度	四季度
A	长期贷款												
	短期贷款												
	高利贷												
B	长期贷款												
	短期贷款												
	高利贷												
C	长期贷款												
	短期贷款												
	高利贷												
D	长期贷款												
	短期贷款												
	高利贷												
E	长期贷款												
	短期贷款												
	高利贷												
F	长期贷款												
	短期贷款												
	高利贷												
G	长期贷款												
	短期贷款												
	高利贷												

产品应收款监控记录表格（一）

组	产品	第一年								第二年							
		一季度		二季度		三季度		四季度		一季度		二季度		三季度		四季度	
		金额	账期	金额	账期	金额	账期	金额	账期	金额	账期	金额	账期	金额	账期	金额	账期
A	P1																
	P2																
	P3																
	P4																
B	P1																
	P2																
	P3																
	P4																
C	P1																
	P2																
	P3																
	P4																
D	P1																
	P2																
	P3																
	P4																

续表

组	产品	第一年								第二年							
		一季度		二季度		三季度		四季度		一季度		二季度		三季度		四季度	
		金额	账期	金额	账期	金额	账期	金额	账期	金额	账期	金额	账期	金额	账期	金额	账期
E	P1																
	P2																
	P3																
	P4																
F	P1																
	P2																
	P3																
	P4																
G	P1																
	P2																
	P3																
	P4																

产品应收款监控记录表格（二）

组	产品	第三年 一季度 金额	账期	二季度 金额	账期	三季度 金额	账期	四季度 金额	账期	第四年 一季度 金额	账期	二季度 金额	账期	三季度 金额	账期	四季度 金额	账期
A	P1																
	P2																
	P3																
	P4																
B	P1																
	P2																
	P3																
	P4																
C	P1																
	P2																
	P3																
	P4																
D	P1																
	P2																
	P3																
	P4																

续表

组	产品	第三年								第四年							
		一季度		二季度		三季度		四季度		一季度		二季度		三季度		四季度	
		金额	账期	金额	账期	金额	账期	金额	账期	金额	账期	金额	账期	金额	账期	金额	账期
E	P1																
	P2																
	P3																
	P4																
F	P1																
	P2																
	P3																
	P4																
G	P1																
	P2																
	P3																
	P4																

产品应收款监控记录表格（三）

组	产品	第五年 一季度 金额	账期	二季度 金额	账期	三季度 金额	账期	四季度 金额	账期	第六年 一季度 金额	账期	二季度 金额	账期	三季度 金额	账期	四季度 金额	账期
A	P1																
	P2																
	P3																
	P4																
B	P1																
	P2																
	P3																
	P4																
C	P1																
	P2																
	P3																
	P4																
D	P1																
	P2																
	P3																
	P4																

续表

组	产品	第五年								第六年							
		一季度		二季度		三季度		四季度		一季度		二季度		三季度		四季度	
		金额	账期	金额	账期	金额	账期	金额	账期	金额	账期	金额	账期	金额	账期	金额	账期
E	P1																
	P2																
	P3																
	P4																
F	P1																
	P2																
	P3																
	P4																
G	P1																
	P2																
	P3																
	P4																

生产线建设投资监控记录表格（一）

组	生产线	第一年				第二年				第三年			
		一季度	二季度	三季度	四季度	一季度	二季度	三季度	四季度	一季度	二季度	三季度	四季度
A	半自动												
	全自动												
	柔性线												
B	半自动												
	全自动												
	柔性线												
C	半自动												
	全自动												
	柔性线												
D	半自动												
	全自动												
	柔性线												
E	半自动												
	全自动												
	柔性线												
F	半自动												
	全自动												
	柔性线												
G	半自动												
	全自动												
	柔性线												

生产线建设投资监控记录表格（二）

组	生产线	第四年				第五年				第六年			
		一季度	二季度	三季度	四季度	一季度	二季度	三季度	四季度	一季度	二季度	三季度	四季度
A	半自动												
	全自动												
	柔性线												
B	半自动												
	全自动												
	柔性线												
C	半自动												
	全自动												
	柔性线												
D	半自动												
	全自动												
	柔性线												
E	半自动												
	全自动												
	柔性线												
F	半自动												
	全自动												
	柔性线												
G	半自动												
	全自动												
	柔性线												

（　　）组（第一年）

产品	本地			产品	区域			产品	国内			产品	亚非拉			产品	欧美		
	广告	9K	14K		广告	9K	14K		广告	9K	14K		广告	9K	14K		广告	9K	14K
P1				P1				P1				P1				P1			
P2				P2				P2				P2				P2			
P3				P3				P3				P3				P3			
P4				P4				P4				P4				P4			
各区域投入总额																			
总计																			

（　　）组（第二年）

产品	本地			产品	区域			产品	国内			产品	亚非拉			产品	欧美		
	广告	9K	14K		广告	9K	14K		广告	9K	14K		广告	9K	14K		广告	9K	14K
P1				P1				P1				P1				P1			
P2				P2				P2				P2				P2			
P3				P3				P3				P3				P3			
P4				P4				P4				P4				P4			
各区域投入总额																			
总计																			

（　　）组（第三年）

产品	本地 广告	本地 9K	本地 14K	区域 产品	区域 广告	区域 9K	区域 14K	国内 产品	国内 广告	国内 9K	国内 14K	亚非拉 产品	亚非拉 广告	亚非拉 9K	亚非拉 14K	欧美 产品	欧美 广告	欧美 9K	欧美 14K
P1				P1				P1				P1				P1			
P2				P2				P2				P2				P2			
P3				P3				P3				P3				P3			
P4				P4				P4				P4				P4			
各区域投入总额																			
总计																			

（　　）组（第四年）

产品	本地 广告	本地 9K	本地 14K	区域 产品	区域 广告	区域 9K	区域 14K	国内 产品	国内 广告	国内 9K	国内 14K	亚非拉 产品	亚非拉 广告	亚非拉 9K	亚非拉 14K	欧美 产品	欧美 广告	欧美 9K	欧美 14K
P1				P1				P1				P1				P1			
P2				P2				P2				P2				P2			
P3				P3				P3				P3				P3			
P4				P4				P4				P4				P4			
各区域投入总额																			
总计																			

（　　）组（第五年）

	本地				区域				国内				亚非拉				欧美		
产品	广告	9K	14K	产品	广告	9K	14K	产品	广告	9K	14K	产品	广告	9K	14K	产品	广告	9K	14K
P1				P1				P1				P1				P1			
P2				P2				P2				P2				P2			
P3				P3				P3				P3				P3			
P4				P4				P4				P4				P4			
各区域投入总额																			
总计																			

（　　）组（第六年）

	本地				区域				国内				亚非拉				欧美		
产品	广告	9K	14K	产品	广告	9K	14K	产品	广告	9K	14K	产品	广告	9K	14K	产品	广告	9K	14K
P1				P1				P1				P1				P1			
P2				P2				P2				P2				P2			
P3				P3				P3				P3				P3			
P4				P4				P4				P4				P4			
各区域投入总额																			
总计																			

手工盘得分统计表

得分标准	A 组	B 组	C 组	D 组	E 组	F 组	G 组
大厂房							
小厂房							
手工生产线							
半自动生产线							
全自动生产线							
柔性生产线							
区域市场开发							
国内市场开发							
亚非拉市场开发							
欧美市场开发							
ISO9000							
ISO14000							
P2 产品开发							
P3 产品开发							
P4 产品开发							
合计							

其他加分统计表

加分项	A 组	B 组	C 组	D 组	E 组	F 组	G 组
结束年本地市场第一							
结束年区域市场第一							
结束年国内市场第一							
结束年亚非拉市场第一							
结束年欧美市场第一							
各经营年度提交报表且没有错误							
合计							

其他扣分统计表

扣分项	A 组	B 组	C 组	D 组	E 组	F 组	G 组
延迟交报表							
报表错误							
运营不规范							
追加股东投资							
故意违反规则							
合计							

实践类别：专业实训

《ERP 沙盘实训》课程

实 践 报 告 书

实训项目名称			ERP 沙盘实训			
个人实践			分组实践			
专业			班级			
学号	姓名	成绩	角色	学号	姓名	成绩
			组长			
			组员			

续表

实训项目名称			
报告（撰写）人		报告时间	
实训目的			
实训材料	ERP 项目实训软件		
实训步骤及内容			

续表

实训收获和体会	
实训不足和改进	
教师评语	

参考文献

［1］罗鸿.ERP原理·设计·实施（第4版）［M］.北京：电子工业出版社，2016.

［2］李春艳，耿丽丽.ERP沙盘模拟实验课程教学问题研究［J］.中国管理信息化，2015（18）：252-253.

［3］胡梅.关于提高ERP沙盘模拟实验教学效果的几点思考［J］.实验室科学，2015（2）：97-100.

［4］桂海进.ERP原理与应用（第3版）［M］.北京：中国电力出版社，2015.

［5］杨天中.ERP沙盘模拟企业经营实训教程（第2版）［M］.武汉：华中科技大学出版社，2015.

［6］滕佳东.ERP沙盘模拟实训教程（第3版）［M］.大连：东北财经大学出版社，2015.

［7］吕永霞.ERP企业经营模拟沙盘实训指导教程［M］.长春：东北师范大学出版社，2014.

［8］田安国.ERP沙盘模拟在会计专业应用分析［J］.财会通讯，2013（19）：96-97.

［9］苗雨君.ERP沙盘模拟教程［M］.北京：清华大学出版社，2013.

［10］王菊萍，周伟韬.ERP沙盘实训教程［M］.北京：北京理工大学出版社，2013.

［11］王海军.运营管理［M］.北京：中国人民大学出版社，2013.

［12］何晓岚，金晖.商战实践平台（指导教程）［M］.北京：清华大学出版社，2012.

［13］董红杰，吴泽强.企业经营ERP沙盘应用教程［M］.北京：北京大学出版社，2012.

［14］陈波，费述顶.ERP沙盘模拟经营教学探讨［J］.财会月刊，2011（12）：103-105.

［15］徐峰，孙伟力，王新玲.ERP沙盘模拟实验指导［M］.南京：南京大学出版社，2011.

［16］郑惠珍 . ERP 沙盘模拟在高校教学中的应用综述［J］. 实验科学与技术，2010（5）：70–72.

［17］郑称德，陈曦 . 企业资源计划（ERP）［M］. 北京：清华大学出版社，2010.

［18］周任慧，张仁钟 . 对 ERP 沙盘模拟教学的探究［J］. 兰州石化职业技术学院学报，2007（1）：4–6.

［19］王新玲 . ERP 沙盘模拟学习指导书［M］. 北京：电子工业出版社 2005.